Les
Conteurs
Galants

DES

XVIIe ET XVIIIe SIÈCLES

—————

Ornés de 149 gravures en taille-douce

PAR DUPLESSIS-BERTAUX

————◇·————

A. LE VASSEUR ET Cie

ÉDITEURS

33, rue de Fleurus, 33

PARIS

RECUEIL

DES

MEILLEURS CONTES

EN VERS

CONTES

ET

NOUVELLES

EN VERS

PAR

VOLTAIRE, VERGIER, SÉNECÉ
PERRAULT, MONCRIF ET LE P. DUCERCEAU

————

TOME PREMIER

PARIS

A. LE VASSEUR ET Cⁱᵉ, ÉDITEURS

33, rue de Fleurus, 33

1894

CONTES

DE

VOLTAIRE

L'ÉDUCATION D'UN PRINCE

Puisque le Dieu du jour, en ses douze voyages,
Habite tristement sa maison du Verseau,
Que les monts sont encore assiégés des orages,
Et que nos prés rians sont engloutis sous l'eau,
Je veux au coin du feu vous faire un nouveau conte ;
Nos loisirs sont plus doux par nos amusemens ;
Je suis vieux, je l'avoue, et je n'ai point de honte
De goûter avec vous le plaisir des enfans.

Dans Bénévent jadis régnoit un jeune Prince
Plongé dans la mollesse, ivre de son pouvoir,
Elevé comme un sot, et sans en rien savoir,

Méprisé des voisins, haï dans sa province.
Deux fripons gouvernoient cet état assez mince ;
Ils avoient abruti l'esprit de Monseigneur,
Aidés dans ce projet par son vieux Confesseur.
Tous trois se relayoient. On lui faisoit accroire
Qu'il avoit des talens, des vertus, de la gloire ;
Qu'un Duc de Bénévent, dès qu'il étoit majeur,
Etoit du monde entier l'amour et la terreur ;
Qu'il pouvoit conquérir l'Italie et la France ;
Que son trésor ducal regorgeoit de finance ;
Qu'il avoit plus d'argent que n'en eut Salomon
Sur son terrein pierreux du torrent de Cédron.
Alamon, c'est le nom de ce prince imbécile,
Avaloit cet encens, et sottement tranquille,
Entouré de bouffons et d'insipides jeux,
Quand il avoit diné, croyoit son peuple heureux.
Il restoit à la Cour un brave militaire,
Emon, vieux serviteur du feu Prince son père.
Qui, n'étant pas payé, lui parloit librement,
Et prédisoit malheur à son gouvernement.
Les ministres jaloux qui bientôt le craignirent,
De ce pauvre honnête-homme aisément se défirent ;
Emon fut exilé ; le maître n'en sut rien.
Le vieillard, confiné dans une métairie,
Cultivoit sagement ses amis et son bien,
Et pleuroit à la fois son maître et sa patrie.
Alamon, loin de lui, laissoit couler sa vie
Dans l'insipidité de ses molles langueurs ;

Des sots Bénéventins quelquefois les clameurs
Frappoient pour un moment son ame appesantie.
Ce bruit sourd et lointain qu'avec peine il entend,
S'affoiblit dans sa course et meurt en arrivant.
Le poids de la misere accabloit la province ;
Elle étoit dans les pleurs, Alamon dans l'ennui ;
Les tyrans triomphoient : Dieu prit pitié de lui ;
Il voulut qu'il aimât pour en faire un bon prince.

Il vit la jeune Amide, il la vit, l'entendit,
Il commença de vivre, et son cœur se sentit.
Il étoit beau, bien fait et dans l'âge de plaire ;
Son Confesseur madré découvrit le mystere :
Il en fit un scrupule à son sot pénitent,
D'autant plus timoré qu'il étoit ignorant,
Et les deux scélérats qui craignoient que leur maitre
Ne se connût un jour et vînt à les connoître,
Envoyerent Amide avec le pauvre Emon.
Elle fit son paquet, et le trempa de larmes,
On n'osoit résister ; le timide Alamon,
Vainement attendri, s'arrachoit à ses charmes :
Car son esprit flottant, d'un vain remords touché,
Commençant à s'ouvrir, n'étoit point débouché.

Comme elle alloit partir, on entend : Bas les armes !
A la fuite ! à la mort ! combattons, tout périt ;
Allà ! San Germano ! Mahomet ! Jesus-Christ !
On voit un peuple entier fuyant de place en place ;

Un guerrier en turban, plein de force et d'audace,
Suivi de Musulmans, le cimeterre en main,
Sur des morts entassés se frayant un chemin,
Portant dans le palais le fer avec les flammes,
Egorgeoit les maris, mettoit à part les femmes.
Cet homme avoit marché de Cume à Bénévent,
Sans que le ministre en eût le moindre vent ;
La mort le devançoit, et dans Rome la sainte,
Saint Pierre avec saint Paul étoit transi de crainte.
C'étoit, mes chers amis, le superbe Abdala,
Pour corriger l'Église, envoyé par Alla.

Dès qu'il fut au palais, tout fut mis dans les chaînes ;
Princes, moines, valets, ministres, capitaines :
Tels que les fils d'Io, l'un à l'autre attachés,
Sont portés dans un char aux plus voisins marchés.
Tels étoient Monseigneur et ses référendaires
Enchaînés par les pieds avec le Confesseur,
Qui toujours se signant et disant ses rosaires,
Leur prêchoit la constance et se mouroit de peur.

Quand tout fut garotté, les vainqueurs partagèrent
Le butin qu'en trois lots les Emirs arrangèrent,
Les hommes, les chevaux et les châsses des saints.
D'abord on dépouilla les bons Bénéventins.
Les tailleurs ont toujours déguisé la nature ;
Ils sont trop charlatans : l'homme n'est pas connu ;
L'habit change les mœurs ainsi que la figure :

Pour juger un mortel, il faut le voir à nu.

Du chef des Musulmans le Duc fut le partage.
Il étoit, comme on sait, dans la fleur de son âge ;
Il paroissoit robuste : on le fit muletier.
Il profita beaucoup dans ce nouveau métier ;
Ses membres énervés par l'infame mollesse,
Prirent dans le travail une heureuse vigueur ;
Le malheur l'instruisit, il dompta la paresse :
Son avilissement fit naître sa valeur.
La valeur sans pouvoir est assez inutile :
C'est un tourment de plus. Déjà paisiblement
Abdala s'établit dans son appartement,
Boit le vin des vaincus, malgré son évangile.
Les dames de la cour, les filles de la ville,
Conduites chaque nuit par son eunuque noir,
A son petit coucher arrivent à la file,
Attendent ses regards et briguent le mouchoir.
Les plaisirs partageoient les momens de sa vie.

Monseigneur, cependant, au fond de l'écurie,
Avec ses compagnons, ci-devant ses sujets,
Une étrille à la main, prenoit soin des mulets.
Pour comble de malheur, il vit la belle Amide,
Que le noir circoncis, ministre de l'Amour,
Au superbe Abdala conduisoit à son tour.
Prêt à s'évanouir, il cria : Perfide !
Ce malheur me manquoit ! voici mon dernier jour.

L'Eunuque à son discours ne pouvoit rien comprendre.
Dans un autre langage, Amide répondit
D'un coup-d'œil douloureux, d'un regard noble et tendre
Qui pénétroit à l'ame, et ce regard lui dit :
Consolez-vous, vivez, songez à me défendre ;
Vengez-moi, vengez-vous ; votre nouvel emploi
Ne vous rend à mes yeux que plus digne de moi.
Alamon l'entendit, et reprit l'espérance.

Amide comparut devant son Excellence ;
Le corsaire jura que jusques à ce jour,
Il avoit en effet connu la jouissance,
Mais qu'en voyant Amide il connoissoit l'amour.
Pour lui plaire encore plus, elle fit résistance,
Et ces refus adroits, annonçant les plaisirs,
En les faisant attendre, irritoient ses desirs.
Les femmes ont toujours des prétextes honnêtes :
Je suis, lui dit Amide, au rang de vos conquêtes ;
Vous êtes invincible en amour, aux combats,
Et tout est à vos pieds, ou veut être en vos bras :
Mais souffrez, que trois jours mon bonheur se diffère,
Et pour me consoler de ces tristes délais,
A mon timide amour, accordez deux bienfaits.
Qu'ordonnez-vous ? parlez, répondit le corsaire :
Il n'est rien que mon cœur refuse à vos attraits.
Des faveurs que j'attends, dit-elle, la première
Est de faire donner trois cents coups d'étrivière
A trois Bénéventins que j'ai mandés exprès :

La seconde, Seigneur, est d'avoir deux mulets,
Pour m'aller quelquefois promener en litiere
Avec un muletier qui soit selon mon choix.
Abdala répliqua : Vos desirs sont mes loix.
Ainsi dit, ainsi fait. Le très-indigne prêtre
Et les deux conseillers, corrupteurs de leur maître,
Eurent chacun leur dose, au grand contentement
De tous les prisonniers et de tout Bénévent ;
Et le jeune Alamon goûta le bien suprême
D'être le muletier de la beauté qu'il aime.

Ce n'est pas tout, dit-elle : il faut vaincre et régner.
La couronne ou la mort à présent vous appelle ;
Vous avez du courage ; Emon vous est fidelle ;
Je veux aussi vous l'être, et ne rien épargner
Pour vous rendre honnête-homme et servir ma patrie.
Au fond de son exil, allez trouver Emon ;
Puisque vous avez tort, demandez-lui pardon :
Il donnera pour vous les restes de sa vie ;
Tout sera préparé, revenez dans trois jours ;
Hâtez-vous : vous savez que je suis destinée
Aux plaisirs d'Abdala la troisième journée ;
Les momens sont bien chers à la guerre, en amours.
Alamon répondit : Je vous aime et j'y cours.
Il part. Le brave Emon qu'avoit instruit Amide,
Aimoit son prince ingrat devenu malheureux ;
Il avoit rassemblé des amis généreux,
Et de soldats choisis une troupe intrépide.

1.   2

Il embrassa son prince, ils pleurerent tous deux ;
Ils s'arment en secret, ils marchent en silence.
Amide parle aux siens, et réveille en leur cœur,
Tout esclaves qu'ils sont, des sentimens d'honneur.
Alamon réunit l'audace et la prudence :
Il devint un héros sitôt qu'il combattit ;
Le Turc aux voluptés livré sans défiance,
Surpris par les vaincus, à son tour se perdit ;
Alamon triomphant au palais se rendit,
Au moment que le Turc ignorant sa disgrace,
Avec la belle Amide alloit se mettre au lit :
Il rentra dans ses droits et se mit à sa place.

Le confesseur arrive avec mes deux fripons,
Tout fraîchement sortis de leurs sales prisons,
Disant avoir tout fait, et n'ayant rien pu faire.
Ils pensoient conserver leur empire ordinaire :
Les lâches sont cruels : le moine conseilla
De faire au pied des murs empaler Abdala.
Misérable ! c'est vous qui méritez de l'être,
Dit le prince éclairé, prenant un ton de maître ;
Dans un lâche repos, vous m'aviez corrompu ;
Je dois tout à ce Turc et tout à ma maîtresse ;
Vous m'aviez fait dévot, vous trompiez ma jeunesse :
Le malheur et l'amour me rendent ma vertu.
Allez, brave Abdala, je dois vous rendre grace
D'avoir développé mon esprit et mon cœur.
De leçons désormais il faut que je me passe :

Je vous suis obligé : mais n'y revenez pas ;
Soyez libre, partez, et si vos destinées
Vous donnent trois fripons pour régir vos états ;
Envoyez-moi chercher, j'irai, n'en doutez pas,
Vous rendre les leçons que vous m'avez données.

L'ÉDUCATION D'UNE FILLE

Mes amis, l'hiver dure, et ma plus douce étude
Est de vous raconter les faits des tems passés ;
Parlons ce soir un peu de madame Gertrude :
Je n'ai jamais connu de plus aimable prude ;
Par trente-six printems sur sa tête amassés,
Ses modestes appas n'étoient point effacés.

Son maintien étoit sage et n'avoit rien de rude ;
Ses yeux étoient charmans ; mais ils étoient baissés.
Sur sa gorge d'albâtre, une gaze étendue,
Avec un art discret, en permettoit la vue ;
L'industrieux pinceau d'un carmin délicat,

D'un visage arrondi relevant l'incarnat,
Embellissoit ses traits, sans outrer la nature ;
Moins elle avoit d'apprêts, plus elle avoit d'éclat :
La simple propreté composoit sa parure.

Toujours sur sa toilette est la sainte écriture ;
Auprès d'un pot de rouge, on voit un Massillon,
Et le petit Carème est sur-tout sa lecture :
Mais ce qui nous charmoit dans sa dévotion,
C'est qu'elle étoit toujours aux femmes indulgente :
Gertrude étoit dévote, et non pas médisante.

Elle avoit une fille : un dix avec un sept
Composoit l'âge heureux de cet aimable objet,
Qui depuis son baptême eut le nom d'Isabelle.
Plus fraiche que sa mere, elle étoit aussi belle ;
A côté de Minerve, on eut cru voir Vénus.
Gertrude à l'élever prit des soins assidus.
Elle avoit dérobé cette rose naissante
Au souffle empoisonné d'un monde dangereux :
Les conversations, les spectacles, les jeux,
Ennemis séduisans de toute ame innocente,
Vrais pieges du démon par les saints abhorrés,
Etoient dans la maison des plaisirs ignorés.

Gertrude en son logis avoit un oratoire,
Un boudoir de dévote, où, pour se recueillir,
Elle alloit saintement occuper son loisir,

Et faisoit l'oraison qu'on dit jaculatoire.
Des meubles recherchés, commodes, précieux,
Ornoient cette retraite au public inconnue :
Un escalier secret, loin des profanes yeux,
Conduisoit au jardin, du jardin dans la rue.

Vous savez qu'en été les ardeurs du soleil
Rendent souvent les nuits aux beaux jours préférables ;
La lune fait aimer ses rayons favorables ;
Les filles en ce tems goûtent peu le sommeil.
Isabelle inquiète, en secret agitée,
Et de ses dix-sept ans doucement tourmentée,
Respiroit dans la nuit sous un ombrage frais,
En ignoroit l'usage et s'étendoit auprès ;
Sans savoir l'admirer, regardoit la nature ;
Puis se levoit, alloit, marchoit à l'aventure,
Sans dessein, sans objet qui pût l'intéresser,
Ne pensant point encore et cherchant à penser.
Elle entendit du bruit au boudoir de sa mere :
La curiosité l'aiguillonne à l'instant ;
Elle ne soupçonnoit nulle ombre de mystere ;
Cependant elle hésite, elle approche en tremblant,
Posant sur l'escalier une jambe en avant,
Etendant une main, portant l'autre en arrière,
Le col tendu, l'œil fixe, et le cœur palpitant,
D'une oreille attentive avec peine écoutant.
D'abord elle entendit un tendre et doux murmure
Des mots entrecoupés, des soupirs languissans.

Ma mere a du chagrin, dit-elle entre ses dents,
Et je dois partager les peines qu'elle endure.
Elle approche : elle entend ces mots pleins de douceur :
André, mon cher André, vous faites mon bonheur.
Isabelle à ces mots pleinement se rassure.
Ma tendresse, dit-elle, a pris trop de souci ;
Ma mere est fort contente, et je dois l'être aussi.
Isabelle à la fin dans son lit se retire,
Ne peut fermer les yeux, se tourmente et soupire :
André fait des heureux ! mais de quelle façon ?
Que ce talent est beau ! mais comment s'y prend-on ?
Elle revit le jour avec inquiétude ;
Son trouble fut d'abord apperçu par Gertrude.
Isabelle étoit simple, et sa naïveté
Laissa parler enfin sa curiosité.

Quel est donc cet André, lui dit-elle, Madame,
Qui fait, à ce qu'on dit, le bonheur d'une femme ?
Gertrude fut confuse ; elle s'apperçut bien
Qu'elle étoit découverte, et n'en témoigna rien.
Elle se composa, puis répondit : Ma fille,
Il faut avoir un saint pour toute une famille,
Et depuis quelque tems, j'ai choisi saint André ;
Je lui suis très-dévote, il m'en sait fort bon gré ;
Je l'implore en secret, j'invoque ses lumières ;
Il m'apparoit souvent la nuit dans mes prieres :
C'est un des plus grands Saints qui soient en Paradis.

A quelque tems de là, certain monsieur Denis,
Jeune homme bien tourné, fut épris d'Isabelle.
Tout conspiroit pour lui, Denis fut aimé d'elle,
Et plus d'un rendez-vous confirma leur amour.
Gertrude en sentinelle entendit à son tour
Les belles oraisons, les antiennes charmantes
Qu'Isabelle entonnoit, quand ses mains caressantes
Pressoient son tendre amant de plaisir enivré.

Gertrude les surprit et se mit en colere.
La fille répondit : Pardonnez-moi, ma mère ;
J'ai choisi saint Denis, comme vous saint André.

Gertrude, dès ce jour, plus sage et plus heureuse,
Conservant son amour, et renonçant aux Saints,
Quitta le vain projet de tromper les humains :
On ne les trompe point : la malice envieuse
Porte sur votre masque un coup-d'œil pénétrant ;
On vous devine mieux que vous ne savez feindre,
Et le stérile honneur de toujours vous contraindre
Ne vaut pas le plaisir de vivre librement.

La charmante Isabelle au monde présentée,
Se forma, s'embellit, fut en tous lieux goûtée.
Gertrude en sa maison rappella pour toujours
Les doux amusemens, compagnons des amours ;
Les plus honnêtes gens y passerent leur vie :
Il n'est jamais de mal en bonne compagnie.

I.   3

CE QUI PLAIT AUX DAMES

Or maintenant que le beau Dieu du jour,
Des Africains va brûlant la contrée,
Qu'un cercle étroit chez nous borne son tour,
Et que l'hiver allonge la soirée,
Après souper, pour vous desennuyer,
Mes chers amis, écoutez une histoire
Touchant un pauvre et noble Chevalier,
Dont l'aventure est digne de mémoire.
Son nom étoit Messire Jean Robert,
Lequel vivoit sous le Roi Dagobert.
Il voyagea devers Rome la sainte
Qui surpassoit la Rome des Césars ;

Il rapportoit de son auguste enceinte,
Non des lauriers cueillis aux champs de Mars,
Mais des agnus avec des indulgences,
Et des pardons et de belles dispenses ;
Mon chevalier en étoit tout chargé,
D'argent fort peu : car, dans ces tems de crise,
Tout paladin fut très-mal partagé :
L'argent n'alloit qu'aux mains des gens d'Eglise.
Sire Robert possédoit pour tout bien
Sa vieille armure, un cheval et son chien.
Mais il avoit reçu pour appanage
Les dons brillants de la fleur du bel âge,
Force d'Hercule et graces d'Adonis,
Dons fortunés qu'on prise en tout pays.

Comme il étoit assez près de Lutèce,
Au coin d'un bois qui borde Charenton,
Il apperçut la fringante Marton,
Dont un ruban nouoit la blonde tresse ;
Sa taille est leste, et son petit jupon
Laisse entrevoir sa jambe blanche et fine :
Robert avance, il lui trouve une mine
Qui tenteroit les saints du Paradis ;
Un beau bouquet de roses et de lys
Est au milieu de deux pommes d'albâtre,
Qu'on ne voit point sans en être idolâtre,
Et de son teint la fleur et l'incarnat
De son bouquet auroient terni l'éclat.

Pour dire tout, cette jeune merveille,
A son giron portoit une corbeille,
Et s'en alloit avec tous ses attraits
Vendre au marché du beurre et des œufs frais.
Sire Robert, ému de convoitise,
Descend d'un saut, l'accole avec franchise :
J'ai vingt écus, dit-il, dans ma valise ;
C'est tout mon bien ; prenez encor mon cœur,
Tout est à vous. C'est à moi trop d'honneur,
Lui dit Marton. Robert presse la Belle,
La fait tomber, et tombe aussitôt qu'elle,
Et la renverse et casse tous ses œufs.
Comme il cassoit, son cheval ombrageux,
Epouvanté de la fiere bataille,
Au loin s'écarte, et fuit dans la broussaille.
De Saint-Denis un moine survenant,
Monte dessus et trotte à son couvent.
Enfin Marton, rajustant sa coëffure,
Dit à Robert : Où sont mes vingt écus ?
Le chevalier, tout pantois et confus,
Cherchant en vain sa bourse et sa monture,
Veut s'excuser : nulle excuse ne sert ;
Marton ne peut digérer son injure,
Et va porter sa plainte à Dagobert :
Un Chevalier, dit-elle, m'a pillée,
Et violée, et sur-tout point payée.
Le sage prince à Marton répondit :
C'est de viol que je vois qu'il s'agit ;

Allez plaider devant ma femme Berthe ;
En tels procès, la reine est très-experte ;
Bénignement elle vous recevra,
Et sans délai justice se fera.

Marton s'incline, et va droit à la reine.
Berthe étoit douce, affable, accorte, humaine :
Mais elle avoit de la sévérité
Sur le grand point de la pudicité.
Elle assembla son conseil de dévotes :
Le Chevalier, sans éperons, sans bottes,
La tête nue et le regard baissé,
Leur avoua ce qui s'étoit passé ;
Que vers Charonne il fut tenté du diable ;
Qu'il succomba, qu'il se sentoit coupable ;
Qu'il en avoit un très-pieux remord :
Puis il reçut sa sentence de mort.

Robert étoit si beau, si plein de charmes,
Si bien tourné, si frais et si vermeil,
Qu'en le jugeant, la reine et son conseil
Lorgnoient Robert et répandoient des larmes.
Marton, de loin dans un coin soupira ;
Dans tous les cœurs, la pitié trouva place :
Berthe au conseil alors remémora
Qu'au Chevalier on pouvoit faire grace,
Et qu'il vivroit, pour peu qu'il eût d'esprit ;
Car vous savez que notre loi prescrit

De pardonner à qui pourra nous dire
Ce que la femme en tous les tems désire :
Bien entendu qu'il explique le cas
Très-nettement, et ne nous fâche pas.

La chose étant au conseil exposée,
Fut à Robert aussitôt proposée.
La bonne Berthe, afin de le sauver,
Lui concéda huit jours pour y rêver ;
Il fit serment aux genoux de la reine
De comparoître au bout de la huitaine,
Remercia du décret lénitif,
Prit congé d'elle et sortit tout pensif.

Comment nommer, disoit-il en lui-même.
Très-nettement ce que toute femme aime,
Sans la fâcher ? La reine et son sénat
Ont aggravé mon trop piteux état.
J'aimerois mieux, puisqu'il faut que je meure,
Que sans délai l'on m'eût pendu sur l'heure.

Dans son chemin, dès que Robert trouvoit
Ou femme ou fille, il prioit la passante
De lui conter ce que plus elle aimoit ;
Toutes faisoient réponse différente,
Toutes mentoient, nulle n'alloit au fait,
Sire Robert au diable se donnoit.

Déjà sept fois l'astre qui nous éclaire
Avoit doré les bords de l'hémisphere,
Quand sur un pré, sous des ombrages frais,
Il vit de loin vingt beautés ravissantes
Dansant en rond ; leurs robes voltigeantes
Etoient à peine un voile à leurs attraits.
Le doux zéphir, en se jouant auprès,
Laissoit flotter leurs tresses ondoyantes ;
Sur l'herbe tendre elles formoient leurs pas,
Rasant la terre et ne la touchant pas.
Robert approche, et du moins il espere
Les consulter sur sa maudite affaire.
En un moment tout disparait, tout fuit.

Le jour baissoit, à peine il étoit nuit :
Il ne vit plus qu'une vieille édentée,
Au teint de suie, à la taille écourtée,
Pliée en deux, s'appuyant d'un bâton ;
Son nez pointu touche à son court menton ;
D'un rouge brun sa paupiere est bordée ;
Quelques crins blancs couvrent son noir chignon ;
Un vieux tapis qui lui sert de jupon,
Tombe à moitié sur sa cuisse ridée :
Elle fit peur au brave Chevalier ;
Elle l'accoste, et d'un ton familier
Lui dit : Mon fils, je vois à votre mine
Que vous avez un chagrin qui vous mine ;
Apprenez-moi vos tribulations ;

Nous souffrons tous, mais parler nous soulage;
Il est encor des consolations.
J'ai beaucoup vu : le sens vient avec l'âge.
Aux malheureux, quelquefois mes avis
Ont fait du bien, quand on les a suivis.

Le chevalier lui dit : Hélas! ma bonne,
Je vais cherchant des conseils, mais en vain :
Mon heure arrive, et je dois en personne,
Sans plus attendre, être pendu demain,
Si je ne dis à la reine, à ses femmes,
Sans les fâcher, ce qui plaît tant aux dames.

La vieille alors lui dit : Ne craignez rien,
Puisque vers moi le bon Dieu vous envoie,
Croyez, mon fils, que c'est pour votre bien ;
Devers la cour cheminez avec joie ;
Allons ensemble, et je vous apprendrai
Ce grand secret de vous tant désiré :
Mais jurez-moi qu'en me devant la vie,
Vous serez juste, et que de vous j'aurai
Ce qui me plaît et qui fait mon envie.
L'ingratitude est un crime odieux :
Faites serment, jurez par mes beaux yeux,
Que vous ferez tout ce que je désire ;
Le bon Robert le jura, non sans rire.
Ne riez point, rien n'est plus sérieux,
Reprit la vieille, et les voilà tous deux

I.   4

Qui côte à côte arrivent en présence
De reine Berthe et de la cour de France.
Incontinent le conseil assemblé,
La reine assise et Robert appellé,
Je sais, dit-il, votre secret, Mesdames,
Ce qui vous plaît en tous lieux, en tous tems,
N'est pas toujours d'avoir beaucoup d'amans :
Mais fille ou femme, ou veuve, ou laide, ou belle,
Ou pauvre, ou riche, ou galante, ou cruelle,
La nuit, le jour, veut être, à mon avis,
Tant qu'elle peut la maîtresse au logis.
Il faut toujours que la femme commande ;
C'est là son goût ; si j'ai tort, qu'on me pende.

Comme il parloit, tout le conseil conclut
Qu'il parloit juste et qu'il touchoit au but.
Robert absous touchoit la main de Berthe,
Quand de haillons et de fange couverte,
Au pied du trône on vit notre sans-dent
Criant justice et la presse fendant.
On lui fait place, et voici sa harangue.

O reine Berthe, ô beauté dont la langue
Ne prononça jamais que vérité,
Vous, dont l'esprit connoît toute équité,
Vous, dont le cœur s'œuvre à la bienfaisance,
Ce paladin ne doit qu'à ma science
Votre secret, il ne vit que par moi ;

Il a juré mes beaux yeux et sa foi,
Que j'obtiendrois de lui ce que j'espere :
Vous êtes juste, et j'attens mon salaire.

Il est très-vrai, dit Robert, et jamais
On ne me vit oublier les bienfaits :
Mais vingt écus, mon cheval, mon bagage
Et mon armure étoient tout mon partage ;
Un moine noir, a, par dévotion,
Saisi le tout, quand j'assaillis Marton ;
Je n'ai plus rien, et malgré ma justice,
Je ne saurois payer ma bienfaitrice.

La reine dit : Tout vous sera rendu ;
On punira votre voleur tondu.
Votre fortune, en trois parts divisée,
Fera trois lots justement compensés :
Les vingt écus à Marton la lésée
Sont dûs de droit, et pour ses œufs cassés ;
La bonne vieille aura votre monture,
Et vous, Robert, vous aurez votre armure.

La vieille dit : Rien n'est plus généreux :
Mais ce n'est pas son cheval que je veux ;
Rien de Robert ne me plait que lui-même ;
C'est sa valeur et ses graces que j'aime :
Je veux régner sur son cœur amoureux :
De ce trésor ma tendresse. est jalouse ;

Entre mes bras Robert doit vivre heureux ;
Dès cette nuit, je prétens qu'il m'épouse.

A ce discours que l'on n'attendoit pas,
Robert glacé laisse tomber ses bras ;
Puis fixement contemplant la figure
Et les haillons de cette créature,
Dans son horreur il recula trois pas,
Signa son front, et d'un ton lamentable,
Il s'écrioit : Ai-je donc mérité
Ce ridicule et cette indignité ?
J'aimerois mieux que votre majesté
Me fiançât à la mere du diable ;
La vieille est folle, elle a perdu l'esprit.

Lors tendrement, notre sans-dent reprit :
Vous le voyez, ô reine, il me méprise ;
Il est ingrat, les hommes le sont tous :
Mais je vaincrai ses injustes dégoûts ;
De sa beauté j'ai l'ame trop éprise,
Je l'aime trop pour qu'il ne m'aime pas,
Le cœur fait tout ; j'avoue avec franchise
Que je commence à perdre mes appas :
Mais j'en serai plus tendre et plus fidelle ;
On en vaut mieux, on orne son esprit,
On fait penser, et Salomon a dit
Que femme sage est plus que femme belle.
Je suis bien pauvre : est-ce un si grand malheur ?

La pauvreté n'est point un déshonneur ;
N'est-on content que sur un lit d'ivoire ?
Et vous, Madame, en ce palais de gloire,
Quand vous couchez côte à côte du roi,
Dormez-vous mieux, aimez-vous mieux que moi ?
De Philémon vous connoissez l'histoire :
Amant aimé, dans le coin d'un taudis,
Jusqu'à cent ans il caressa Baucis.
Les noirs chagrins, enfans de la vieillesse,
N'habitent point sous nos rustiques toits ;
Le vice fuit où n'est point la mollesse ;
Nous servons Dieu, nous égalons les rois :
Nous soutenons l'honneur de nos provinces ;
Nous vous faisons de vigoureux soldats,
Et croyez-moi, pour peupler les états,
Les pauvres gens valent mieux que vos princes.
Que si le ciel, à mes chastes desirs,
N'accorde pas le bonheur d'etre mere,
Les fleurs du moins sans les fruits peuvent plaire ;
On me verra jusqu'à mon dernier jour
Cueillir les fleurs de l'arbre de l'amour.

La décrépite, en parlant de la sorte,
Charma le cœur des dames du palais.
On adjugea Robert à ses attraits ;
De son serment la sainteté l'emporte
Sur son dégoût ; la dame encor voulut
Etre à cheval, entre ses bras menée

A sa chaumière, où ce noble hymenée
Doit s'achever dans la même journée,
Et tout fut fait comme à la vieille il plut.

Le chevalier sur son cheval remonte,
Prend tristement sa femme entre ses bras,
Saisi d'horreur, et rougissant de honte,
Tenté cent fois de la jeter à bas,
De la noyer ; mais il ne le fit pas :
Tant des devoirs de la chevalerie
La loi sacrée étoit alors chérie !
Sa tendre épouse, en trottant avec lui,
Lui rappeloit les exploits de sa race,
Lui racontoit comment le grand Clovis
Assassina trois rois de ses amis,
Comment du ciel il mérita la grace.
Elle avoit vu le beau pigeon béni,
Du haut des cieux apportant à Remi
L'ampoule sainte et la céleste crême
Dont ce grand roi fut oint dans son baptême.
Elle mêloit à ses narrations
Des sentimens et des réflexions,
Des traits d'esprit et de morale pure,
Qui, sans couper le fil de l'aventure,
Faisoient penser l'auditeur attentif,
Et l'instruisoient, mais sans l'air instructif.
Le bon Robert, à toutes ces merveilles,
Le cœur ému, prêtoit ses deux oreilles,

Tout délecté quand sa femme parloit,
Prêt à mourir quand il la regardoit.

L'étrange couple arrive à la chaumiere
Que possédoit l'affreuse aventuriere :
Elle se trousse, et de sa sale main,
De son époux arrange le festin,
Frugal repas fait pour ce premier âge,
Plus célébré qu'imité par le sage.
Deux ais pourris, sur trois pieds inégaux,
Formoient la table où les époux souperent,
A peine assis sur deux minces treteaux.
Du triste époux les regards se baisserent.
La décrépite égaya le repas
Par des propos plaisans et délicats,
Par ces bons mots qui piquent et qu'on aime,
Si naturels que l'on croiroit soi-même
Les avoir dits. Robert fut si content
Qu'il en sourit, et qu'il crut un moment
Qu'elle pouvoit lui paroître moins laide.
Elle voulut, quand le souper finit,
Que son époux vint avec elle au lit ;
Le désespoir, la fureur le possede
A cette crise ; il souhaite la mort :
Mais il se couche, il se fait cet effort ;
Il l'a promis, le mal est sans remede.
Ce n'étoit point deux sales demi-draps
Percés de trous et rongés par les rats,

Mal étendus sur de vieilles javelles,
Mal recousus encor par des ficelles,
Qui révoltoient le guerrier malheureux ;
Du saint hymen les devoirs rigoureux
S'offroient à lui sous un aspect horrible.
Le ciel, dit-il, voudroit-il l'impossible ?
A Rome on dit que la grace d'en haut
Donne à la fois le vouloir et le faire :
La grace et moi, nous sommes en défaut.
Par son esprit, ma femme a de quoi plaire ;
Son cœur est bon ; mais dans le grand conflit,
Peut-on jouir du cœur ou de l'esprit ?
Ainsi parlant, le bon Robert se jette
Froid comme glace au bord de sa couchette,
Et pour cacher son cruel déplaisir,
Il feint qu'il dort, mais il ne peut dormir.

La vieille alors lui dit d'une voix tendre,
Et le pinçant : Ah ! Robert, dormez-vous ?
Charmant ingrat, cruel et cher époux,
Je suis rendue, hâtez-vous de vous rendre.
De ma pudeur les timides accens
Sont subjugués par la voix de mes sens ;
Régnez sur eux ainsi que sur mon ame ;
Je meurs, je meurs ! ciel ! à quoi réduis-tu
Mon naturel qui combat ma vertu ?
Je me dissous, je brûle, je me pâme ;
Ah ! le plaisir l'emporte malgré moi ;

Je n'en puis plus, faut-il mourir sans toi ?
Va, je le mets dessus ta conscience.

Robert avoit un fond de complaisance
Et de candeur et de religion ;
De son épouse il eut compassion.
Hélas ! dit-il, j'aurois voulu, Madame,
Par mon ardeur égaler votre flamme ;
Mais que pourrai-je ? Allez, vous pourrez tout,
Reprit la vieille ; il n'est rien à votre âge
Dont un grand cœur enfin ne vienne à bout
Avec des soins, de l'art et du courage :
Songez combien les dames de la cour
Célébreront ce prodige d'amour.
Je vous parois peut-être dégoûtante,
Un peu ridée, et même un peu puante :
Cela n'est rien pour des héros bien nés ;
Fermez les yeux, et bouchez-vous le nez.

Le Chevalier, amoureux de la gloire,
Voulut enfin tenter cette victoire ;
Il obéit, et se piquant d'honneur,
N'écoutant plus que sa rare valeur,
Aidé du ciel, trouvant dans sa jeunesse
Ce qui tient lieu de beauté, de tendresse,
Fermant les yeux, se mit à son devoir.

C'en est assez, lui dit sa tendre épouse ;

I.   5

J'ai vu de vous ce que j'ai voulu voir ;
Sur votre cœur, j'ai connu mon pouvoir ;
De ce pouvoir ma gloire étoit jalouse.
J'avois raison, convenez-en, mon fils ;
Femme toujours est maîtresse au logis.
Ce qu'à jamais, Robert, je vous demande,
C'est qu'à mes soins vous vous laissiez guider :
Obéissez, mon ardeur vous commande
D'ouvrir les yeux et de me regarder.

Robert regarde : il voit à la lumière
De cent flambeaux sur vingt lustres placés,
Dans un palais qui fut cette chaumière,
Sous des rideaux de perles rehaussés,
Une beauté dont le pinceau d'Apelle,
Ou de Vanloo, ni le ciseau fidelle
Du bon Pigal, Lemoine, ou Phidias
N'auroient jamais imité les appas.
C'étoit Vénus, mais Vénus amoureuse,
Telle qu'elle est, quand les cheveux épars,
Les yeux noyés dans sa langueur heureuse,
Entre ses bras elle attend le dieu Mars.

Tout est à vous, ce palais et moi-même ;
Jouissez-en, dit-elle à son vainqueur ;
Vous n'avez point dédaigné la laideur :
Vous méritez que la beauté vous aime.

Or maintenant j'entens mes auditeurs
Me demander qu'elle étoit cette belle,
De qui Robert eut les tendres faveurs ;
Mes chers amis, c'étoit la fée Urgelle,
Qui dans son tems protégea nos guerriers,
Et fit du bien aux pauvres Chevaliers.

Oh ! l'heureux tems que celui de ces fables,
Des bons démons, des esprits familiers,
Des farfadets aux mortels secourables !
On écoutoit tous ces faits admirables,
Dans son château, près d'un large foyer ;
Le pere et l'oncle, et la mere, et la fille,
Et les voisins et toute la famille
Ouvroient l'oreille à monsieur l'Aumônier,
Qui leur faisoit des contes de sorcier.

On a banni les démons et les fées ;
Sous la raison, les graces étouffées
Livrent nos cœurs à l'insipidité ;
Le raisonner tristement s'accrédite ;
On court, hélas ! après la vérité ;
Ah ! croyez-moi, l'erreur a son mérite.

LES TROIS MANIÈRES

Que les Athéniens étoient un peuple aimable !
Que leur esprit m'enchante, et que leurs fictions
Me font aimer le vrai sous les traits de la fable !
La plus belle à mon gré, de leurs inventions,
Fut celle du théâtre, où l'on faisoit revivre
Les héros des vieux tems, leurs mœurs, leurs passions.
Vous voyez aujourd'hui toutes les nations
Consacrer cet exemple et chercher à le suivre.
Le théâtre instruit mieux que ne fait un gros livre.
Malheur aux esprits faux dont la sotte rigueur
Condamne parmi nous les jeux de Melpomene !
Quand le ciel eut formé cette engeance inhumaine,

La nature oublia de lui donner un cœur.

Un des plus grands plaisirs du théâtre d'Athene
Etoit de couronner dans ses jeux solemnels
Les meilleurs citoyens, les plus grands des mortels ;
En présence du peuple, on leur rendoit justice.
Ainsi j'ai vu Villars, ainsi j'ai vu Maurice,
Qu'un maudit courtisan quelquefois censura,
Du chant de la victoire allant à l'Opéra
Recevoir des lauriers de la main d'une actrice.
Ainsi quand Richelieu revenoit de Mahon,
Qu'il avoit pris pourtant en dépit de l'envie,
Partout sur son passage il eut la comédie ;
On lui battit des mains encor plus qu'à Clairon.

Au théâtre d'Eschile, avant que Melpomene
Sur son cothurne altier, vint parcourir la scene,
On décernoit les prix accordés aux amans.
Celui qui dans l'année avoit pour sa maitresse
Fait les plus beaux exploits, montré plus de tendresse,
Mieux prouvé par les faits ses nobles sentimens,
Se voyoit couronné devant toute la Grece.
Chaque Belle plaidoit la cause de son cœur,
De son amant aimé racontoit les mérites ;
Après un beau serment dans les formes prescrites,
De ne pas dire un mot qui sentit l'orateur,
De n'exagérer rien, chose assez difficile
Aux femmes, aux amans, et même aux avocats.

On nous a conservé l'un de ces beaux débats,
Doux enfans du loisir de la Grece tranquille.
C'étoit, s'il m'en souvient, sous l'arconte Eudamas.

Devant les Grecs charmés, trois Belles comparurent,
La jeune Eglé, Téone et la triste Apamis ;
Les beaux esprits de Grece au spectacle accoururent ;
Ils étoient grands parleurs, et pourtant ils se turent,
Ecoutant gravement en demi-cercle assis.
Dans un nuage d'or, Vénus avec son fils,
Prêtoit à la dispute une oreille attentive.
La jeune Eglé commence, Eglé simple et naïve,
De qui la voix touchante et la douce candeur
Charmoient l'oreille et l'œil, et pénétroient au cœur.

ÉGLÉ

HERMOTIME mon pere a consacré sa vie
Aux muses, aux talens, à ces dons du génie,
Qui des humains jadis ont adouci les mœurs.
Tout entier aux beaux arts, il a fui les honneurs,
Et sans ambition, caché dans sa famille,
Il n'a voulu donner pour époux à sa fille
Qu'un mortel comme lui favorisé des Dieux,
Elevé dans son art, et qui sauroit le mieux

Animer sur la toile et chanter sur la lyre
Ce peu de vrais attraits que m'ont donné les cieux.

Ligdamon m'adoroit ; son esprit sans culture
Devoit, je l'avoûrai, beaucoup à la nature ;
Ingénieux, discret, poli sans compliment,
Parlant avec justesse, et jamais savamment,
Sans talens, il est vrai, mais sachant s'y connoître,
L'Amour forma son cœur, les Graces son esprit ;
Il ne savoit qu'aimer ; mais qu'il étoit grand maître
Dans ce premier des arts que lui seul il m'apprit !

Quand mon pere eut formé le dessein tyrannique
De m'arracher l'objet de mon cœur amoureux,
Et de me réserver pour quelque peintre heureux
Qui feroit de bons vers, et sauroit la musique,
Que de larmes alors coulerent de mes yeux !
Nos parens ont sur nous un pouvoir despotique ;
Puisqu'il nous ont fait naitre, ils sont pour nous des Dieux.
Je mourois, il est vrai, mais je mourois soumise.

Ligdamon s'écarta confus, désespéré,
Cherchant loin de mes yeux un asyle ignoré.
Six mois furent le terme où ma main fut promise ;
Ce délai fut fixé pour tous les prétendans.
Ils n'avoient tous, hélas ! dans leurs tristes talens,
A peindre que l'ennui, la douleur et les larmes.
Le tems qui s'avançoit, redoubloit mes alarmes.

Ligdamon, tant aimé, me fuyoit pour toujours ;
J'attendois mon arrêt, et j'étois au concours.

Enfin, de vingt rivaux les ouvrages parurent ;
Sur leurs perfections mille débats s'émurent :
Je ne pus décider, je ne les voyois pas.
Mon pere se hâta d'accorder son suffrage
Aux talens trop vantés du fier et dur Harpage ;
On lui promit ma foi, j'allois être en ses bras.

Un esclave empressé frappe, arrive à grands pas,
Apportant un tableau d'une main inconnue ;
Sur la toile aussitôt chacun porta la vue :
C'étoit moi. Je semblois respirer et parler ;
Mon cœur en longs soupirs paroissoit s'exhaler ;
Et mon air, et mes yeux, tout annonçoit que j'aime.
L'art ne se montroit pas ; c'est la nature même,
La nature embellie, et par de doux accords,
L'ame étoit sur la toile aussi bien que le corps ;
Une tendre clarté s'y joint à l'ombre obscure,
Comme on voit au matin le soleil de ses traits
Percer la profondeur de nos vastes forêts,
Et dorer les moissons, les fruits et la verdure.
Harpage en fut surpris ; il voulut censurer ;
Tout le reste se tut, et ne put qu'admirer.
Quel mortel, ou quel Dieu, s'écrioit Hermotime,
Du talent d'imiter fit un art si sublime ?
A qui ma fille enfin devra-t-elle sa foi ?

Ligdamon se montrant, lui dit : Elle est à moi ;
L'Amour seul est son peintre, et voilà son ouvrage.
C'est lui qui dans mon cœur imprima cette image ;
C'est lui qui sur la toile a dirigé ma main.
Quel art n'est pas soumis à son pouvoir divin ?
Il les anime tous. Alors, d'une voix tendre,
Sur son luth accordé, Ligdamon fit entendre
Un mélange inoui de sons harmonieux ;
On croyoit être admis dans le concert des Dieux :
Il peignit comme Apelle, il chanta comme Orphée.

Harpage en frémissoit ; sa fureur étouffée
S'exhaloit sur son front, et brûloit dans ses yeux.
Il prend un javelot de ses mains forcenées ;
Il court, il va frapper ; je vis l'affreux moment
Où le traitre à sa rage immoloit mon amant,
Où la mort, d'un seul coup, tranchoit deux destinées.
Ligdamon l'apperçoit, il n'en est pas surpris,
Et de la même main sous qui son luth raisonne,
Et qui sut enchanter nos cœurs et nos esprits,
Il combat son rival, l'abat, et lui pardonne.
Jugez si de l'amour il mérite le prix,
Et permettez du moins que mon cœur le lui donne.
Ainsi parloit Eglé : l'Amour applaudissoit ;
Les Grecs battoient des mains ; la Belle rougissoit ;
Elle en aimoit encor son amant davantage.

Téone se leva. Son air et son langage
Ne connurent jamais les soins étudiés ;
Les Grecs en la voyant se sentoient égayés.
Téone souriant conta son aventure
En vers moins allongés et d'une autre mesure,
Qui courent avec grace, et vont à quatre pieds,
Comme en fit Hamilton, comme en fait la nature.

TÉONE

Vous connaissez tous Agaton ;
Il est plus charmant que Nirée ;
A peine d'un naissant coton
Sa ronde joue étoit parée ;
Sa voix est tendre, il a le ton
Comme les yeux de Cythérée,
Vous savez de quel vermillon
Sa blancheur vive est colorée ;
La chevelure d'Apollon
N'est pas si longue et si dorée.
Je le pris pour mon compagnon,
Aussitôt que je fus nubile.

Ce n'est pas sa beauté fragile
Dont mon cœur fut le plus épris ;
S'il a les graces de Paris,
Mon amant a le bras d'Achille.

Un soir, dans un petit bateau,
Tout auprès d'une isle Ciclade,
Ma tante et moi goûtions sur l'eau
Le plaisir de la promenade,
Quand de Lydie un gros vaisseau
Vient nous aborder à la rade.
Le vieux capitaine écumeur
Venoit souvent dans cette plage
Chercher des filles de mon age
Pour les plaisirs du gouverneur.
En moi je ne sais quoi le frappe ;
Il me trouve un air assez beau ;
Il laisse ma tante, il me hape,
Il m'enleve comme un moineau,
Et va me vendre à son satrape.
Ma bonne tante en glapissant,
Et la poitrine déchirée,
S'en retourne au port de Pirée
Raconter au premier passant
Que sa Téone est égarée,
Que de Lydie un armateur,
Un vieux pirate, un revendeur
De la féminine denrée,

S'en est allé livré ma fleur
Au commandant de la contrée.

Pensez-vous qu'alors Agaton
S'amusât à verser des larmes,
A me peindre avec un crayon,
A chanter sa perte et mes charmes
Sur un petit psaltérion ?
Pour me ravoir, il prit les armes ;
Mais n'ayant pas de quoi payer
Seulement le moindre estafier,
Et se fiant sur sa figure,
D'une fille il prit la coëffure,
Le tour de gorge et le panier ;
Il cacha sous son tablier
Un long poignard et son armure,
Et courut tenter l'aventure
Dans la barque d'un nautonier,
Il arrive aux bords du Méandre,
Avec son petit attirail.
A ses attraits, à son air tendre,
On ne manqua pas de le prendre
Pour une ouaille du bercail,
Où l'on m'avoit déjà fait vendre ;
Et dès qu'à terre il put descendre,
On l'enferma dans mon serail.

Je ne crois pas que de sa vie

Une fille ait jamais goûté
Le quart de la félicité,
Qui combla mon ame ravie,
Quand, dans un sérail de Lydie,
Je vis mon Grec à mon côté,
Et que je pus en liberté
Récompenser la nouveauté
D'une entreprise si hardie.
Pour époux il fut accepté.
Les Dieux seuls daignerent paroître
A cet himen précipité ;
Car il n'étoit pas là de prêtre ;
Et comme vous pouvez penser,
Des valets on peut se passer,
Quand on est sous les yeux du maître.

Le soir, le satrape amoureux,
Dans mon lit, sans cérémonie,
Vint m'expliquer ses tendres vœux :
Il crut, pour appaiser ses feux,
Ne trouver que fille jolie :
Il fut surpris d'en trouver deux.
Tant mieux ! dit-il, car votre amie,
Comme vous, est fort à mon gré ;
J'aime beaucoup la compagnie
Toutes deux je contenterai ;
N'ayez aucune jalousie.
Après sa petite leçon

Qu'il accompagnoit de caresses,
Il vouloit agir tout de bon ;
Il exécutoit ses promesses,
Et je tremblois pour Agaton ;
Mais mon Grec, d'une main guerriere,
Le saisissant par la criniere,
Et tirant son estramaçon,
Lui fit voir qu'il étoit garçon,
Et parla de cette maniere :
Sortons tous trois de la maison,
Et qu'on me fasse ouvrir la porte,
Faites bien signe à votre escorte
De ne suivre en nulle façon.
Marchons tous les trois au rivage ;
Embarquons-nous sur mon esquif ;
J'aurai sur vous l'œil attentif :
Point de geste, point de langage ;
Au premier signe un peu douteux,
Au clignement d'une paupiere,
A l'instant je vous coupe en deux,
Et vous jette dans la riviere.

Le satrape étoit un seigneur
Assez sujet à la frayeur ;
Il eut beaucoup d'obéissance ;
Lorsqu'on a peur, on est fort doux.
Sur la nacelle en diligence,
Nous l'embarquâmes avec nous.

I.   7

Sitôt que nous fûmes en Grèce,
Son vainqueur le mit à rançon ;
Elle fut en sonnante espece ;
Elle étoit forte : il m'en fit don ;
Ce fut ma dot et mon douaire.

Avouez qu'il a su plus faire
Que le bel-esprit Ligdamon,
Et que j'aurois fort à me plaindre,
S'il n'avoit songé qu'à me peindre,
Et qu'à me faire une chanson.

Les Grecs furent charmés de la voix douce et vive,
Du naturel aisé, de la gaîté naïve,
Dont la jeune Téone anima son récit ;
La grace, en s'exprimant, vaut mieux que ce qu'on dit.

On applaudit, on rit ; les Grecs aimoient à rire.
Pourvu qu'on soit content, qu'importe qu'on admire ?

Apamis s'avança les larmes dans les yeux ;
Ses pleurs étoient un charme, et la rendoient plus belle
Les Grecs prirent alors un air plus sérieux,
Et dès qu'elle parla, les Grecs furent pour elle.

Apamis raconta ses malheureux amours
En mètres qui n'étoient ni trop longs ni trop courts ;
Dix syllabes par vers mollement arrangées,
Se suivoient avec art, et sembloient négligées ;
Le rithme en est facile, il est mélodieux ;
L'hexamètre est plus beau, mais par fois ennuyeux.

APAMIS

L'ASTRE cruel sous qui j'ai vu le jour,
M'a fait pourtant naître dans Amatonte,
Lieux fortunés où la Grece raconte
Que le berceau de la mere d'Amour,
Par les Plaisirs fut apporté sur l'onde,
Elle y naquit pour le bonheur du monde,
A ce qu'on dit, mais non pas pour le mien.
Son culte aimable, et sa loi douce et pure,
A ses sujets n'avoient fait que du bien,
Tant que sa loi fut celle de nature.
Le rigorisme a souillé ses autels ;
Les Dieux sont bons, les prêtres sont cruels.

Les novateurs ont voulu qu'une Belle,
Qui par malheur deviendroit infidelle,
Iroit finir ses jours au fond de l'eau,
Où la Déesse avoit eu son berceau,
Si quelque amant ne se noyoit pour elle.
Pouvoit-on faire une loi si cruelle ?
Hélas ! faut-il le frein du châtiment
Aux cœurs bien nés, pour aimer constamment ?
Et si jamais à la foiblesse en proie
Quelque beauté vient à changer d'amant,
C'est un grand·mal ; mais faut-il qu'on la noie ?

Tendre Vénus, vous qui fites ma joie
Et mon malheur, vous qu'avec tant de soin
J'avois servie avec le beau Batille,
D'un cœur si droit, d'un esprit si docile,
Vous le savez, je vous prens à témoin
Comme j'aimois, et si j'avois besoin
Que mon amour fût nourri par la crainte.
Des plus beaux nœuds, la pure et douce étreinte
Faisoit un cœur de nos cœurs amoureux.
Batille et moi nous respirions ces feux,
Dont autrefois a brûlé la Déesse.
L'astre des cieux, en commençant son cours,
En l'achevant contemploit nos amours ;
La nuit savoit quelle étoit ma tendresse.

Arenorax, homme indigne d'aimer,

Au regard sombre, au front triste, au cœur traitre,
D'amour pour moi parut s'envenimer,
Non s'attendrir ; il le fit bien connoître.
Né pour hair, il ne fut que jaloux ;
Il distilla les poisons de l'Envie ;
Il fit parler la noire Calomnie.
O délateurs, monstres de ma patrie,
Nés de l'Enfer, hélas ! rentrez-y tous.
L'art contre moi mit tant de vraisemblance,
Que mon amant put même s'y tromper,
Et l'imposture accabla l'innocence.

Dispensez-moi de vous développer
Le noir tissu de sa trame secrète ;
Mon tendre cœur ne peut s'en occuper ;
Il est trop plein de l'amant qu'il regrette.
A la Déesse en vain j'eus mon recours :
Tout me trahit, je me vis condamnée
A terminer mes maux et mes beaux jours
Dans cette mer où Vénus étoit née.

On me menoit aux lieux de mon trépas ;
Un peuple entier mouilloit de pleurs mes pas.
Et me plaignoit d'une plainte inutile,
Quand je reçus un billet de Batille,
Fatal écrit qui changeoit tout mon sort !
Trop cher écrit plus cruel que la mort !

Je crus tomber dans la nuit éternelle,
Quand je l'ouvris, quand j'apperçus ces mots :
Je meurs pour vous, fussiez-vous infidelle !
C'en étoit fait ! mon amant dans les flots
S'étoit jetté pour me sauver la vie ;
On l'admiroit en poussant des sanglots :
Je t'implorois, ô Mort ! ma seule envie,
Mon seul devoir ! On eut la cruauté
De m'arrêter, lorsque j'allois le suivre ;
On m'observa, j'eus le malheur de vivre.
De l'imposteur la sombre iniquité
Fut mise au jour, et trop tard découverte.
Du talion il a subi la loi ;
Son châtiment me répare-t-il ma perte ?
Le beau Batille est mort... et c'est pour moi !

Je viens à vous, ô juges favorables !
Que mes soupirs, que mes funebres soins
Touchent vos cœurs, que j'obtienne du moins
Un appareil à des maux incurables.
A mon amant, dans la nuit du trépas,
Donnez le prix que ce trépas mérite ;
Qu'il se console, aux rives du Cocite,
Quand sa moitié ne se console pas.
Que cette main qui tremble et qui succombe,
Par vos bontés encor se ranimant,
Puisse à vos yeux écrire sur sa tombe :
Athene et moi, couronnons mon amant.

Disant ces mots, ses sanglots s'arrêterent ;
Elle se tut, mais ses larmes parlerent.

———

Chaque juge fut attendri.
Pour Eglé d'abord ils pencherent ;
Avec Téone ils avoient ri :
Avec Apamis ils pleurerent.
J'ignore, et j'en suis bien marri,
Quel est le vainqueur qu'ils nommerent.

Au coin du feu, mes chers amis,
C'est pour vous seuls que je transcris
Ces contes tirés d'un vieux sage.
Je m'en tiens à votre suffrage ;
C'est à vous de donner le prix ;
Vous êtes mon Aréopage.

I.   8

THELÈME ET MACARE [1]

THELÈME est vive, elle est brillante ;
Mais elle est bien impatiente ;
Son œil est toujours ébloui,
Et son cœur toujours la tourmente.
Elle aimoit un gros réjoui
D'une humeur bien différente.
Sur son visage épanoui,
Est la sérénité touchante :
Il écarte à la fois l'ennui
Et la vivacité bruyante.

1. Macare est le bonheur, et Thelème, le désir ou la volonté.

Rien n'est plus doux que son sommeil ;
Rien n'est plus beau que son réveil ;
Le long du jour, il vous enchante.
Macare est le nom qu'il portoit ;
Sa maîtresse inconsidérée,
Le long du jour le tourmentoit :
Elle vouloit être adorée.
En reproches elle éclata :
Macare, en riant, la quitta,
Et la laissa désespérée.
Elle courut étourdiment
Chercher de contrée en contrée
Son infidele et cher amant,
N'en pouvant vivre séparée.

Elle va d'abord à la cour.
Auriez-vous vu mon cher amour ?
N'avez-vous point chez vous Macare ?
Tous les railleurs de ce séjour
Sourirent à ce nom bizarre.
Comment ce Macare est-il fait ?
Où l'avez-vous perdu, ma bonne ?
Faites-nous un peu son portrait.
Ce Macare qui m'abandonne,
Dit-elle, est un homme parfait,
Qui n'a jamais haï personne,
Qui de personne n'est haï,
Qui de bon sens toujours raisonne.

Et qui n'eut jamais de souci ;
A tout le monde il a su plaire.

On lui dit : Ce n'est pas ici
Que vous trouverez votre affaire,
Et les gens de ce caractere
Ne vont pas dans ce pays-ci.

Thelème marcha vers la ville.
D'abord elle trouve un couvent,
Et pense dans ce lieu tranquille
Rencontrer son tranquille amant.
Le sous-prieur lui dit : Madame,
Nous avons long-temps attendu
Ce bel objet de votre flamme,
Et nous ne l'avons jamais vu.
Mais nous avons en récompense
Des vigiles, du tems perdu,
Et la discorde, et l'abstinence.
Lors un petit moine tondu
Dit à la dame vagabonde :
Cessez de courir à la ronde
Après votre amant échappé :
Car si l'on ne m'a pas trompé,
Ce bon homme est dans l'autre monde.

A ce discours impertinent,
Thelème se mit en colere :

Apprenez, dit-elle, mon frere,
Que celui qui fait mon tourment
Est né pour moi, quoi qu'on en dise ;
Il habite certainement
Le monde où le destin m'a mise,
Et je suis son seul élément :
Si l'on vous fait dire autrement,
On vous fait dire une sottise.

La Belle courut de ce pas
Chercher au milieu du fracas
Celui qu'elle croyoit volage.
Il sera peut-être à Paris,
Dit-elle, avec les beaux esprits,
Qui l'ont peint si doux et si sage.
L'un d'eux lui dit : Sur nos avis,
Vous pourriez vous tromper peut-être ;
Macare n'est qu'en nos écrits ;
Nous l'avons peint sans le connoître.

Elle aborda près du palais,
Ferma les yeux, et passa vite ;
Mon amant ne sera jamais
Dans cet abominable gîte ;
Au moins la cour a des attraits :
Macare auroit pu s'y méprendre ;
Mais les noirs suivans de Thémis
Sont les éternels ennemis

De l'objet qui me rend si tendre.

Thelème, au temple de Rameau,
Chez Melpomene, chez Thalie,
Au premier spectacle nouveau,
Croit trouver l'amant qui l'oublie.
Elle est priée à ces repas
Où président les délicats
Nommés la bonne compagnie.
Des gens d'un agréable accueil
Y semblent au premier coup-d'œil
De Macare être la copie ;
Mais plus ils étoient occupés
Du soin flatteur de le paroître,
Et plus à ses yeux détrompés,
Ils étoient éloignés de l'être.

Enfin Thelème au désespoir,
Lasse de chercher sans rien voir,
Dans sa retraite alla se rendre ;
Le premier objet qu'elle y vit
Fut Macare auprès de son lit,
Qui l'attendoit pour la surprendre.
Vivez avec moi désormais,
Dit-il, dans une douce paix,
Sans trop chercher, sans trop prétendre ;
Et si vous voulez posséder
Ma tendresse avec ma personne,

Gardez de jamais demander
Au-delà de ce que je donne.

Les gens de Grec enfarinés
Connoîtront Macare et Thelème,
Et vous diront sous cet emblème :
A qui nous sommes destinés.
Macare, c'est toi qu'on désire,
On t'aime, on te perd, et je croi
Que je t'ai rencontré chez moi ;
Mais je me garde de le dire.
Quand on se vante de t'avoir,
On en est privé par l'envie,
Pour te garder, il faut savoir
Se cacher, et cacher sa vie.

AZOLAN

A son aise dans son village,
Vivoit un jeune Musulman,
Bien fait de corps, beau de visage,
Et son nom étoit Azolan ;
Il avoit transcrit l'Alcoran,
Et par cœur il alloit l'apprendre.
Il fut dès l'âge le plus tendre
Dévot à l'Ange Gabriel.
Ce ministre emplumé du ciel,
Un jour chez lui daigna descendre.
J'ai connu, dit-il, mon enfant,
Ta dévotion non commune ;

I. 9

Gabriel est reconnoissant,
Et je viens faire ta fortune,
Tu deviendras dans peu de tems
Iman de la Mecque et Médine :
C'est après la place divine
Du grand commandeur des croyans,
Le plus opulent bénéfice
Que Mahomet puisse donner ;
Les honneurs vont t'environner
Quand tu seras en exercice.
Mais il faut me faire serment
De ne toucher femme ni fille,
De n'en voir jamais qu'à la grille,
Et de vivre très-chastement.

Le beau jeune homme étourdiment,
Pour avoir des biens de l'Eglise,
Conclut cet accord imprudent,
Sans penser faire une sottise.
Monsieur l'Iman fut enchanté
De l'éclat de sa dignité,
Et même encor de la finance
Dont il se vit d'abord payé
Par un receveur d'importance
Qui la partageoit par moitié.

Tant d'honneurs et tant d'opulence

N'étoient rien sans un peu d'amour.
Tous les matins, au point du jour,
Le jeune Azolan tout en flamme,
Et par son serment empêché,
Se dit dans le fond de son ame,
Qu'il a fait un mauvais marché.
Il rencontre la belle Amine
Aux yeux charmans, au teint fleuri
Il l'adore, il en est chéri :
Adieu la Mecque, adieu Médine,
Adieu l'éclat d'un vain honneur,
Et tout ce pompeux esclavage ;
La seule Amine aura mon cœur :
Soyons heureux dans mon village.

L'Archange aussitôt descendit
Pour lui reprocher sa foiblesse :
Le tendre amant lui répondit :
Voyez seulement ma maîtresse ;
Vous vous êtes moqué de moi,
Notre marché fit mon supplice ;
Je ne veux qu'Amine et sa foi :
Reprenez votre bénéfice.
Du bon prophete Mahomet
J'adore à jamais la prudence ;
Aux élus, l'amour il permet ;
Il fait bien plus, il leur promet
Des Amines pour récompense.

Allez mon très-cher Gabriel,
J'aurai toujours pour vous du zele ;
Vous pouvez retourner au ciel :
Je n'y veux pas aller sans elle.

L'ORIGINE DES MÉTIERS

Quand Prométhée eut formé son image
D'un marbre blanc façonné par ses mains,
Il épousa, comme on sait, son ouvrage :
Pandore fut la mere des humains,
Dès qu'elle put se voir et se connoitre,
Elle essaya son sourire enchanteur,
Son doux parler, son maintien séducteur,
Parut aimer, et captiva son maître ;
Et Prométhée à lui plaire occupé,
Premier époux, fut le premier trompé.

Mars visita cette beauté nouvelle ;

L'éclat du Dieu, son air mâle et guerrier,
Son casque d'or, son large bouclier,
Tout le servit, et Mars triompha d'elle.

Le Dieu des mers, en son humide cour,
Ayant appris cette bonne fortune,
Chercha la Belle, et lui parla d'amour :
Qui cede à Mars, peut se rendre à Neptune.

Le blond Phébus, de son brillant séjour,
Vit leurs plaisirs, eut la même espérance :
Elle ne put faire de résistance
Au Dieu des vers, des beaux-arts et du jour.

Mercure étoit le Dieu de l'éloquence :
Il sut parler, il eut aussi son tour.

Vulcain sortant de sa forge embrâsée,
Déplut d'abord, et fut très-maltraité ;
Mais il obtint par importunité
Cette conquête aux autres Dieux aisée.

Ainsi Pandore occupa ses beaux ans,
Puis s'ennuya sans en savoir la cause.
Quand une femme aima dans son printems,
Elle ne peut jamais faire autre chose ;
Mais pour les Dieux, ils n'aiment pas long-tems.
Elle avoit eu pour eux des complaisances ;

Ils la quittoient : elle vit dans les champs
Un gros Satire, et lui fit les avances.

Nous sommes nés de tous ces passe-tems :
C'est des humains l'origine premiere ;
Voilà pourquoi nos esprits, nos talens,
Nos passions, nos emplois, tout diffère.
L'un eut Vulcain, l'autre Mars pour son pere,
L'autre un Satire, et bien peu d'entre nous
Sont descendus du Dieu de la lumière.
De nos parens nous tenons tous nos goûts ;
Mais le métier de la belle Pandore,
Quoique peu rare, est encore le plus doux,
Et c'est celui que tout Paris honore.

LA BÉGUEULE

Dᴀɴs ses écrits, un sage Italien
Dit que le mieux est ennemi du bien :
Non qu'on ne puisse augmenter en prudence,
En bonté d'ame, en talens, en science ;
Cherchons le mieux sur ces chapitres-là ;
Partout ailleurs évitons la chimere.
Dans son état, heureux qui peut se plaire,
Vivre à sa place, et garder ce qu'il a !

La belle Arsène en est la preuve claire ;
Elle étoit jeune, elle avoit dans Paris
Un tendre époux empressé de complaire

A son caprice, et souffrant ses mépris;
L'oncle, la sœur, la tante, le beau-pere
Ne brilloient pas parmi les beaux-esprits :
Mais ils avoient un fort bon caractère.
Dans le logis, des amis fréquentoient;
Beaucoup d'aisance, une assez bonne chere,
Les passe-tems que nos gens connoissoient,
Jeux, bals, spectacle et soupers agréables,
Rendoient ses jours à peu près tolérables;
Car vous savez que le bonheur parfait
Est inconnu; pour l'homme il n'est pas fait.

Madame Arsène étoit fort peu contente
De ses plaisirs; son superbe dégoût,
Dans ses dédains, fuyoit ou blâmoit tout :
On l'appelloit la belle Impertinente.

Or, admirez la foiblesse des gens !
Plus elle étoit distraite, indifférente :
Plus ils tâchoient, par des soins complaisans,
D'apprivoiser son humeur méprisante,
Et plus aussi notre belle abusoit
De tous les pas que vers elle on faisoit.
Pour son amant encor plus intraitable,
Aimant à plaire et ne pouvant aimer,
Son cœur glacé se laissoit consumer
Dans le chagrin de ne voir rien d'aimable.
D'elle à la fin chacun se retira;

De courtisans elle avoit une liste :
Tout prit parti ; seule elle demeura
Avec l'orgueil, compagnon dur et triste ;
Bouffi, mais sec, ennemi des ébats,
Il renfle l'ame, et ne la nourrit pas.

La Dégoûtée avoit eu pour marraine
La fée Aline. On sait que ces esprits
Sont mitoyens entre l'espece humaine
Et la divine, et monsieur Gabalis
Mit par écrit leur histoire certaine.
La fée alloit quelquefois au logis
De sa filleule, et lui disoit : Arsène,
Es-tu contente à la fleur de tes ans ?
As-tu des goûts et des amusemens ?
Tu dois mener une assez douce vie.
L'autre en deux mots répondoit : Je m'ennuie.
C'est un grand mal, dit la fée, et je croi
Qu'un beau secret c'est d'être heureux chez soi.
Arsène enfin conjura son Aline
De la tirer de son maudit pays :
Je veux aller à la sphere divine ;
Faites-moi voir votre beau paradis.
Je ne saurois supporter ma famille,
Ni mes amis : j'aime assez ce qui brille,
Le beau, le rare, et je ne puis jamais
Me trouver bien que dans votre palais :
C'est un goût vif dont je me sens coëffée.

Très-volontiers, dit l'indulgente fée.
Tout aussitôt, dans un char lumineux,
Vers l'orient, la Belle est transportée;
Le char voloit, et notre Dégoûtée,
Pour être en l'air, se croyoit dans les cieux.
Elle descend au séjour magnifique
De la marraine. Un immense portique
D'or ciselé dans un goût tout nouveau.
Lui parut riche et passablement beau :
Mais ce n'est rien, quand on voit le château.
Pour les jardins, c'est un miracle unique;
Marly, Versaille, et leurs jolis jets d'eau
N'ont rien auprès qui surprenne et qui pique.
La dédaigneuse, à cette œuvre angélique,
Sentit un peu de satisfaction.
Aline dit : Voilà votre maison;
Je vous y laisse un pouvoir despotique;
Commandez-y : toute ma nation
Obéira sans la moindre réplique;
J'ai quatre mots à dire en Amérique :
Il faut que j'aille y faire quelques tours :
J'espere au moins, dans ma douce retraite,
Vous retrouver l'ame un peu satisfaite.

Aline part. La Belle en liberté
Reste, et s'arrange au palais enchanté,
Commande en Reine, ou plutôt en Déesse;
De cent beautés une foule s'empresse

A prévenir ses moindres volontés;
A-t-elle faim, cent plats sont apportés;
De vrai nectar la table étoit fournie,
Et tous les mets sont de pure ambroisie;
Les vases sont du plus fin diamant.
Le repas fait, on la mene à l'instant
Dans les jardins, sur les bords des fontaines,
Sur les gazons, respirer les haleines
Et les parfums des fleurs et des zéphirs;
Vingt chars brillans de rubis, de saphirs,
Pour la porter se présentent d'eux-mêmes,
Comme autrefois les trépieds de Vulcain
Alloient au ciel par un ressort divin
Offrir leur siege aux majestés suprêmes.
De mille oiseaux les doux gazouillemens
Ont accordé leurs murmures charmans;
Les perroquets répétoient ses paroles,
Et les échos les disoient après eux.
Telle Psyché, par le plus beau des Dieux,
A ses parents avec art enlevée
Au seul Amour dignement réservée,
Dans un palais des mortels ignoré,
Aux éléments commandoit à son gré.
Madame Arsène est encor mieux servie;
Plus d'agrémens environnoient sa vie;
Plus de beautés décoroient son séjour;
Elle avoit tout; mais il manquoit l'Amour.

On lui donna le soir une musique
Dont les accords et les accens nouveaux
Feroient pâmer soixante cardinaux.
Ces sons vainqueurs alloient au fond des ames :
Mais elle vit, non sans émotion,
Que pour chanter, on n'avoit que des femmes :
Dans ce palais, point de barbe au menton.
A quoi, dit-elle, a pensé ma marraine ?
Point d'homme ici ; suis-je dans un couvent ?
Je trouve bon que l'on me serve en reine ;
Mais, sans sujets, la grandeur est du vent.
J'aime à régner, sur des hommes s'entend ;
Ils sont tous nés pour ramper dans mes chaines :
C'est leur destin, c'est leur premier devoir ;
Je les méprise, et je veux en avoir.
Ainsi parloit la récluse intraitable,
Et cependant les nymphes, sur le soir,.
Avec respect ayant servi sa table,
On l'endormit au son des instrumens,
Le lendemain, mêmes enchantemens,
Mêmes festins, pareilles sérénades,
Et le plaisir fut un peu moins piquant.
Le lendemain lui parut un peu fade.
Le lendemain fut triste et fatigant.
Le lendemain lui fut insupportable.
Je me souviens du tems trop peu durable
Où je chantois, dans mon heureux printems,
Des lendemains plus doux et plus plaisans.

La Belle enfin chaque jour fétoyée,
Fut tellement de sa gloire ennuyée,
Que détestant cet excès de bonheur,
Le paradis lui faisoit mal au cœur.
Se trouvant seule, elle avise une breche
A certain mur, et semblable à la fleche
Qu'on voit partir de la corde d'un arc,
Madame saute, et vous franchit le parc.
Au même instant, palais, jardins, fontaines,
Et diamans, émeraudes, rubis,
Tout disparoit à ses yeux ébaubis ;
Elle ne voit que les stériles plaines
D'un grand désert et des rochers affreux.
La dame alors, s'arrachant les cheveux,
Demande au ciel pardon de ses sottises :
La nuit venoit, et déjà ses mains grises
Sur la nature étendoient ses rideaux.
Les cris perçans de funebres oiseaux,
Les hurlemens des ours et des pantheres
Font retentir ces antres solitaires.
Quelle autre fée, hélas ! prendra le soin
De secourir ma folle aventuriere ?

Dans sa détresse, elle aperçut de loin,
A la faveur d'un reste de lumiere,
Au coin d'un bois, un vilain charbonnier,
Qui s'en alloit, par un petit sentier,
Tout en sifflant, retrouver sa chaumiere.

Qui que tu sois, lui dit la beauté fiere,
Vois en pitié le malheur qui me suit ;
Car je ne sais où coucher cette nuit.
Le noir pataud, la voyant si bien mise,
Lui répondit : Quel étrange démon
Vous fait aller, dans cet état de crise,
Pendant la nuit, à pied, sans compagnon ?
Je suis encor très-loin de ma maison :
Çà, donnez-moi votre bras, ma mignonne :
On recevra votre aimable personne
Comme on pourra ; j'ai du lard et des œufs :
Toute Françoise, à ce que j'imagine,
Sait, bien ou mal, faire un peu de cuisine ;
Je n'ai qu'un lit ; c'est assez pour nous deux.

Disant ces mots, le rustre vigoureux,
D'un gros baiser, sur sa bouche ébahie,
Ferme l'accès à toute répartie,
Et par avance, il veut être payé
Du nouveau gite à la belle octroyé.
Hélas ! hélas ! dit la dame affligée,
Il faudra donc qu'ici je sois mangée
D'un charbonnier, ou de la dent des loups ?
Le désespoir, la honte, le courroux
L'ont suffoquée, elle est évanouie ;
Notre galant la rendoit à la vie :
La fée arrive, et peut-être un peu tard ;
Présente à tout, elle étoit à l'écart.

Vous voyez bien, dit-elle à sa filleule,
Que vous étiez une franche bégueule ;
Ma chere enfant, rien n'est plus périlleux
Que de quitter le bien pour être mieux.

La leçon faite, on reconduit ma Belle
Dans son logis ; tout y changea pour elle
En peu de temps, parce qu'elle changea ;
Pour son profit, elle se corrigea ;
Sans avoir lu les beaux moyens de plaire
Du sieur Moncrif, et sans livre, elle plut.
Que falloit-il à son cœur ? qu'il voulût. .
Elle fut douce, attentive, polie,
Vive et prudente, et prit même en secret
Pour charbonnier, un jeune amant discret :
Ce fut alors une femme accomplie.

LE DIMANCHE

ou

LES FILLES DE MINÉE

A Madame Arnanche.

Vous demandez, Madame Arnanche,
Pourquoi nos dévots paysans,
Les cordeliers à la grand'manche,
Et nos curés catéchisans
Aiment à boire le dimanche ?
J'ai consulté bien des savans.
Huet, cet évêque d'Avranche,
Qui pour la Bible toujours penche,

Prétend qu'un usage si beau,
Vient de Noé le patriarche,
Qui justement dégoûté d'eau,
S'enyvroit au sortir de l'arche.
Huet se trompe ; c'est Bacchus,
C'est le législateur du Gange,
Ce Dieu de cent peuples vaincus,
Cet inventeur de la vendange.
C'est lui qui voulut consacrer
Le dernier jour hebdomadaire
A boire, à rire, à ne rien faire,
On ne pouvoit mieux honorer
La divinité de son pere.
Il fut ordonné par les loix
D'employer ce jour salutaire
A ne faire œuvre de ses doigts
Qu'avec sa maîtresse et son verre.

Un jour ce digne fils de Dieu
Et de la pieuse Semèle,
Descendit du ciel au saint lieu
Où sa mere tres-peu cruelle
Dans son beau sein l'avoit conçu.
Où son pere l'ayant reçu,
L'avoit enfermé dans sa cuisse ;
Grands mysteres bien expliqués,
Dont autrefois se sont moqués
Des gens d'esprit pleins de malice.

Bacchus à peine se montroit
Avec Silène et sa monture,
Tout le peuple les adoroit,
La campagne étoit sans culture.
Dévotement on folâtroit ;
Et toute la cléricature
Couroit en foule au cabaret.

Parmi ce brillant fanatisme
Il fut un pauvre citoyen,
Nommé Minée, homme de bien,
Et soupçonné de jansénisme.
Ses trois filles filoient du lin,
Aimoient Dieu, servoient le prochain,
Evitoient la fainéantise,
Fuyoient les plaisirs, les amans ;
Et pour ne point perdre de tems,
Ne fréquentoient jamais l'église.
Alcitoé dit à ses sœurs :
Travaillons et faisons l'aumône ;
Monsieur le curé dans son prône
Donne-t-il des conseils meilleurs ?
Filons, et laissons la canaille
Chanter des versets ennuyeux ;
Quiconque est honnête et travaille
Ne sauroit offenser les Dieux.
Filons, si vous voulez m'en croire ;
Et pour égayer nos travaux,

Que chacune conte une histoire
En faisant tourner ses fuseaux.
Les deux cadettes approuvèrent
Ce propos tout plein de raison ;
Et leur sœur qu'elles écoutèrent
Commença de cette façon.

Le travail est mon Dieu, lui seul régit le monde ;
Il est l'ame de tout : c'est en vain qu'on nous dit
Que les Dieux sont à table ou dorment dans leur lit.
J'interroge les cieux, l'air, et la terre et l'onde.
Le puissant Jupiter fait son tour en dix ans.
Son vieux père Saturne avance à pas plus lents ;
Mais il termine enfin son immense carrière ;
Et dès qu'elle est finie, il recommence encor.

Sur son char de rubis mêlés d'azur et d'or,
Apollon va lançant des torrens de lumière.
Quand il quitta les cieux il se fit médecin,
Architecte, berger, ménétrier, devin ;
Il travailla toujours. Sa sœur l'aventurière
Est Hécate aux enfers, Diane dans les bois,
Lune pendant les nuits, et remplit trois emplois.

Neptune chaque jour est occupé six heures
A soulever des eaux les profondes demeures,
Et les fait dans leur lit retomber par leur poids.

Vulcain, noir et crasseux, courbé sur son enclume,
Forge à coups de marteau les foudres qu'il allume.

On m'a conté qu'un jour, croyant le bien payer,
Jupiter à Vénus daigna le marier.
Ce Jupiter, mes sœurs, étoit grand adultere ;
Vénus l'imita bien, chacun tient de son pere.
Mars plut à la friponne ; il étoit colonel,
Vigoureux, impudent, s'il en fut dans le ciel,
Talons rouges, nez haut, tous les talens de plaire ;
Et tandis que Vulcain travailloit pour la cour,
Mars consoloit sa femme en parfait petit-maître,
Par air, par vanité, plutôt que par amour.

Le mari méprisé, mais très-digne de l'être,
Aux deux amans heureux voulut jouer d'un tour.
D'un fil d'acier poli, non moins fin que solide,
Il façonne un réseau que rien ne peut briser.
Il le porte la nuit au lit de la perfide.
Lasse de ses plaisirs il la voit reposer
Entre les bras de Mars ; et d'une main timide
Il vous tend son lacet sur le couple amoureux.
Puis marchant à grands pas, encor qu'il fût boiteux,
Il court vite au Soleil conter son aventure.
Toi qui vois tout, dit-il, viens, et vois ma parjure.
Cependant que Phosphore aux bords de l'Orient
Au-devant de son char ne paroît point encore,
Et qu'en versant des pleurs la diligente Aurore

Quitte son vieil époux pour son nouvel amant ;
Appelle tous les Dieux, qu'ils contemplent ma honte,
Qu'ils viennent me venger. — Apollon est malin,
Il rend avec plaisir ce service à Vulcain ;
En petits vers galans, sa disgrace il raconte ;
Il assemble en chantant tout le conseil divin.
Mars se réveille au bruit aussi bien que sa belle ;
Ce Dieu très-éhonté ne se dérangea pas,
Il tint sans s'étonner Vénus entre ses bras,
Lui donnant cent baisers qui sont rendus par elle.
Tous les Dieux à Vulcain firent leur compliment,
Le pere de Vénus en rit long-tems lui-même.
On vanta du lacet l'admirable instrument,
Et chacun dit : Bon homme, attrapez-nous de même.

Lorsque la belle Alcitoé
Eut fini son conte pour rire,
Elle dit à sa sœur Thémire :
Tout ce peuple chante *Evoé* ;
Il s'enyvre, il est en délire,
Il croit que la joie est du bruit.
Mais vous que la raison conduit
N'auriez-vous donc rien à nous dire ?
Thémire à sa sœur répondit :
La populace est la plus forte,
Je crains ces dévots, et fais bien ;
A double tour fermons la porte,
Et poursuivons notre entretien.

Votre conte est de bonne sorte ;
D'un vrai plaisir il me transporte ;
Pourrez-vous écouter le mien ?

C'est de Vénus qu'il faut parler encore,
Sur ce sujet jamais on ne tarit ;
Filles, garçons, jeunes, vieux, tout l'adore ;
Mille grimauds font des vers sans esprit
Pour la chanter. Je m'en suis souvent plainte.
Je détestois tout médiocre auteur ;
Mais on les passe, on les souffre ; et la sainte
Fait qu'on pardonne au sot prédicateur.

Cette Vénus que vous avez dépeinte
Folle d'amour pour le Dieu des combats,
D'un autre amour eut bientôt l'ame atteinte.
Le changement ne lui déplaisoit pas.
Elle trouva devers la Palestine
Un beau garçon, dont la charmante mine,
Les blonds cheveux, les roses et les lys,
Les yeux brillans, la taille noble et fine,
Tout lui plaisoit, car c'étoit Adonis.
Cet Adonis, ainsi qu'on nous l'atteste,
Au rang des Dieux n'étoit pas tout à fait ;
Mais chacun sait combien il en tenoit.
Son origine étoit toute céleste.
Il étoit né des plaisirs d'un inceste.
Son pere étoit son ayeul Cinira

I.   12

Qui l'avoit eu de sa fille Mirra.
Et Cinira, ce qu'on a peine à croire,
Etoit le fils d'un beau morceau d'yvoire.
Je voudrois bien que quelque grand docteur
Pût m'expliquer sa généalogie ;
J'aime à m'instruire, et c'est un grand bonheur
D'être savante en la théologie.

Mars fut jaloux de son charmant rival ;
Il le surprit avec sa Citherée,
Le nez collé sur sa bouche sacrée,
Faisant des Dieux. Mars est un peu brutal,
Il prit sa lance, et d'un coup détestable
Il transperça ce jeune homme adorable
De qui le sang produit encor des fleurs.
J'admire ici toutes les profondeurs
De cette histoire ; et j'ai peine à comprendre
Comment un Dieu pouvoit ainsi pourfendre
Un autre Dieu. Çà, dites-moi, mes sœurs,
Qu'en pensez-vous ? parlez-moi sans scrupule,
Tuer un Dieu n'est-il pas ridicule ?
Non, dit Climène, et puisqu'il étoit né,
C'est à mourir qu'il étoit destiné ;
Je le plains fort, sa mort paroît trop prompte.
Mais poursuivez le fil de votre conte.

Notre Thémire aimant à raisonner
Lui répondit : Je vais vous étonner.

Adonis meurt ; mais Vénus la féconde,
Qui peuple tout, qui fait vivre et sentir,
Cette Vénus qui créa le plaisir,
Cette Vénus qui répare le monde,
Ressuscita, sept jours après sa mort,
Le Dieu charmant dont vous plaignez le sort.
Bon ! dit Climène, en voici bien d'une autre ;
Ma chere sœur quelle idée est la vôtre !
Ressusciter les gens ! je n'en crois rien.
Ni moi non plus, dit la belle conteuse ;
Et l'on peut être une fille de bien
En soupçonnant que la fable est menteuse.
Mais tout cela se croit très-fermement
Chez les docteurs de ma noble patrie,
Chez les rabbins de l'antique Syrie,
Et vers le Nil, où le peuple en dansant
De son Isis entonnant la louange,
Tous les matins fait des Dieux et les mange.
Chez tous ces gens Adonis est fêté ;
On vous l'enterre avec solennité ;
Six jours entiers l'enfer est sa demeure ;
Il est damné tant en corps qu'en esprit ;
Dans ces six jours chacun gémit et pleure ;
Mais le septième il ressuscite ; on rit.
Telle est, dit-on, la belle allégorie,
Le vrai portrait de l'homme et de la vie,
Six jours de peine, un seul jour de bonheur.
Du mal au bien toujours le destin change ;

Mais il est peu de plaisirs sans douleur,
Et nos chagrins sont souvent sans mélange.

De la sage Climène enfin c'étoit le tour.
Son talent n'étoit pas de conter des sornettes ;
De faire des romans, ou l'histoire du jour,
De ramasser des faits perdus dans les gazettes.
Elle étoit un peu seche, aimoit la vérité,
La cherchoit, la disoit avec simplicité ;
Se souciant fort peu qu'elle fût embellie,
Elle eût fait un bon tome à l'Encyclopédie.

Climène à ses deux sœurs adressa ce discours :
Vous m'avez de nos Dieux raconté les amours,
    Les aventures, les mysteres,
Si nous n'en croyons rien que nous sert d'en parler ?
Un mot devroit suffire. On a trompé nos peres,
    Il ne faut pas leur ressembler.
    Les Béotiens nos confreres,
Chantent au cabaret l'histoire de nos Dieux ;
Le vulgaire se fait un grand plaisir de croire
    Tous ces contes fastidieux,
Dont on a dans l'enfance enrichi sa mémoire.
Pour moi, dût le curé me gronder après boire,
Je m'en tiens à vous dire avec mon peu d'esprit
Que je n'ai jamais cru rien de ce qu'on m'a dit.
D'un bout du monde à l'autre on ment, et l'on mentit ;
Nos neveux mentiront comme ont fait nos ancêtres.

Chroniqueurs, médecins et prêtres
Se sont moqués de nous dans leur fratras obscur.
  Moquons-nous d'eux, c'est le plus sûr,
  Je ne crois point à ces prophetes
  Pourvus d'un esprit de Python
  Qui renoncent à leur raison
  Pour prédire les choses faites.
Je ne crois point qu'un Dieu nous fasse nos enfans,
  Je ne crois point la guetre des géans,
Je ne crois point du tout à la prison profonde,
D'un rival de Dieu même en son tems foudroyé ;
Je ne crois point qu'un fat ait embrasé ce monde,
  Que son grand-pere avoit noyé.
  Je ne crois aucun des miracles
Dont tout le monde parle, et qu'on n'a jamais vus.
  Je ne crois aucun des oracles
  Que des charlatans ont vendus.
Je ne crois point... La belle au milieu de sa phrase
S'arrêta de frayeur ; un bruit affreux s'entend,
  La maison tremble, un coup de vent
  Fait tomber le trio qui jase.
Avec tout son clergé Bacchus entre en buvant :
Et moi je crois, dit-il, mesdames les savantes,
  Qu'en faisant trop les beaux esprits,
  Vous êtes des impertinentes.
  Je crois que des mauvais écrits
  Vous ont un peu tourné la tête.
  Vous travaillez un jour de féte ;

Vous en aurez bientôt le prix,
Et ma vengeance est toute prête ;
Je vous change en chauve-souris.

Aussitôt de nos trois reclues,
Chaque membre se raccourcit ;
Sous leur aisselle il s'étendit
Deux petites ailes velues.
Leur voix pour jamais se perdit ;
Elles volerent dans les rues
Et devinrent oiseaux de nuit.
Ce châtiment fut tout le fruit
De leurs sciences prétendues.
Ce fut une grande leçon
Pour tout bon raisonneur qui fronde.
On connut qu'il est dans ce monde
Trop dangereux d'avoir raison.
Ovide a conté cette affaire,
La Fontaine en parle après lui ;
Moi je la répete aujourd'hui,
Et j'aurois mieux fait de me taire.

CONTES

DE

VERGIER

LA FILLE VIOLÉE

Dans tous les temps on a parlé,
   On parle tous les jours encore,
De femme que par force un brutal déshonore,
   De jeune tendron violé :
Même il est par les loix des peines décernées
   Contre ces ardeurs effrenées ;
Toutefois de ce point je suis toujours surpris,
Et je crois encor moins au viol qu'aux esprits.
Vous m'allez apporter l'exemple de Lucrece,
Et bien Lucrece soit ! qui dira sûrement
   Si de sa part quelque consentement
N'aida pas de Tarquin la brutale tendresse ?

Mais elle se donna le trépas de sa main,
Il est vrai ; mais qui sait si ce coup inhumain
    Fut pour montrer son innocence,
    Ou pour punir son peu de résistance ?
Croyez-moi, quels que soient les efforts d'un amant,
Une belle toujours y résiste aisèment,
Or donc toutes les fois qu'en l'amoureuse affaire,
Un téméraire amant vient à se satisfaire,
Comptez que la souffrante en secret y consent ;
Je vais vous en donner un exemple récent.
    Zénogris, fille grande et forte,
Mais ingénue autant que fille de sa sorte,
Autour d'elle laissa tant roder un amant,
    Qu'enfin, je ne sais pas comment,
Ses robes chaque jour devenoient trop étroites ;
    Comme elle étoit des moins adroites,
Ses parents aussitôt s'aperçurent du cas.
    Dieu sait quel bruit et quel fracas
    Ce fut dans toute la famille !
Cependant le galant, quoique petit, mal fait,
Etant riche, ce point adoucit tout le fait.
    D'abord le père de la fille
    Va proposer au suborneur
D'épouser Zénogris pour sauver son honneur.
Epouser est un sort où rarement aspirent
Ceux qu'Amour n'a pas fait vainement soupirer,
    Et c'est ce qu'à peine ils desirent,
    Lorsqu'ils ont tout à désirer :

Aussi Cléon, c'est le nom du jeune homme,
A ce triste propos n'eut garde de céder ;
   On supplie, on menace, on somme,
   Mais le plus court fut de plaider.
Devant les Magistrats notre Belle éplorée
Se plaint, montrant son ventre à son menton égal.
   D'avoir été déshonorée,
Et demande qu'enfin par le nœud conjugal
   Cette honte soit réparée.
   Cléon d'une mine assurée,
Et fourbe, comme sont les hommes d'aujourd'hui.
   Dit que le fait n'est pas de lui :
   En cent façons on tâche à le surprendre :
   Quelque détour qu'on puisse prendre,
Le drôle adroitement de tout sait se tirer.
Eh bien, Messieurs, répond Zénogris désolée,
Puisqu'il m'y force, enfin, il faut tout déclarer ;
   Le perfide m'a violée :
Debout contre une porte arriva l'accident.
   Mais comment, dit le Président,
Un homme si petit, qu'à peine il peut atteindre
   De sa main jusqu'à votre front,
   A-t-il pu debout vous contraindre
   A recevoir un tel affront ?
   Hélas ! la chose est très-certaine,
   Répond Zénogris sans tarder,
Le voyant haleter et souffrir tant de peine,
   Je me baissai tant soit peu pour l'aider.

A ces mots, de rire éclaterent
Les Juges, et la déboutereńt
De sa vaine prétention.
Si l'on jugeoit sans passion,
Ou plutôt sans prévention,
Tout ce que dans-le monde on nomme violence,
L'on verroit que ce n'est que pure fiction.
Et l'on n'y trouveroit que trop de ressemblance
A cette présente action.

LE MAL D'AVENTURE

Sur les traces de la Fontaine
   Je n'ai point prétendu marcher ;
  Si par hazard je puis en approcher,
J'obtiendrai cet honneur sans dessein ni sans peine,
   Je ne sais si c'est vanité,
   Mais je ne veux point de modele,
   Et mon génie, enfant gâté,
   Ne sauroit souffrir de tutelle.
   La Fontaine a fort bien conté,
  Il s'est acquis une gloire immortelle :
Qu'on me mette au dessous, qu'on me mette à côté,
   Je ne veux point de parallele.

Alison se mouroit d'un mal
Au bout du doigt ; mal d'aventure :
Va trouver le Frere Pascal,
Lui dit sa sœur, et plus n'endure :
Ses remédes sont excellens,
Il te guérira, je t'assure,
Il en a pour les maux de dents,
Pour l'écorchûre et pour l'enflûre ;
Il fait l'onguent pour la brûlure.
Va donc sans attendre plus tard,
Le mal s'accroît quand on recule,
Et donne-lui le bonjour de ma part.
Elle va, frappe à la cellule
Du révérend Frere Frappart ;
Bon jour, mon Frere, Dieu vous gard,
Dit-elle, ma sœur vous salue,
Et moi qui suis ici venue,
Lasse à la fin de trop souffrir ;
Mais ma sœur vient de me promettre
Que vous voudriez bien me guerir
Un doigt qui me fera mourir ;
Non, je ne sais plus où le mettre.
Mettez, dit Pascal, votre doigt,
Les matins en certain endroit
Que vous savez. Hélas ! que sais-je !
Dites-le moi, Frere Pascal,
Tôt, car mon doigt me fait grand mal.
Oh ! l'innocente créature !

Avez-vous la tête si dure ?
Certain endroit que connoissez,
Puisqu'il faut que je vous le dise,
C'est l'endroit par où vous pissez :
Hé bien m'entendez-vous, Alise ?
Mon frere, excusez ma bêtise,
Répond Alix baissant les yeux,
Suffit, j'y ferai de mon mieux,
Grand merci de votre recette ;
J'y cours, car le mal est pressé.
Quand votre mal aura percé,
Venez me voir, Alizonnette,
Dit le Frere, et n'y manquez pas.
Soir et matin à la renverse
Elle met remede à son mal :
Enfin, l'abcès meurit et perce.
Alison saine va soudain
Rendre grâce à son médecin,
Et du remede spécifique
Lui vante l'étonnant succès.
Pascal d'un ton mélancolique
Lui repart : Un pareil abcès
Depuis quatre jours me tourmente ;
Vous seriez ingrate et méchante,
Si vous me refusiez le bien,
Que vous avez par mon moyen ;
Alix, j'ai besoin de votre aide,
Puisque vous portez le remede,

Qui sans faute peut me guérir :
Hé quoi ! me verrez-vous mourir,
Après que je vous ai guérie !
Non, dit Alix, non sur ma vie,
Je ferois un trop grand péché ;
Tel crime... allons donc je vous prie,
Guérissez-vous, Frere Pascal,
Approchez vite votre mal.
A ces mots, Dom Pascal la jette,
Sans marchander, sur sa couchette,
L'étend bravement sur le dos,
Et l'embrasse. O Dieu qu'il est gros !
Dit Alix, quel doigt ! eh de grâce !
Arrêtez... je le sens qui passe.
Ma chere Alix, attends un peu,
Je me meurs, souffre que j'acheve.
Ha ! reprit Alix tout en feu,
Vous voilà guéri, l'abcès creve.

LE TONNERRE

Il est assez d'amans constans ;
Il n'en est guere de fideles :
Cela s'est vu dans tous les tems
Fort fréquemment chez nous, un peu moins chez les Belles.
On ne résiste guere à la tentation
D'une agréable occasion.
Tromper est en amour chose délicieuse,
C'est un charmant ragoût que la variété,
Et contre l'infidélité,
A séduire nos cœurs toujours ingénieuse.

Le seul conseil que je donne aux amans,
   C'est de se voir à tous momens ;
   Mais une suite dangereuse
Est attachée à cette extrémité ;
Le dégoût suit de près cette assiduité,
Un peu d'absence anime une flamme amoureuse.
   Que faire donc ? C'est à vous de choisir,
Je vais en attendant vous exposer en vue
D'une infidélité l'aventure imprévue ;
Puissiez-vous l'écouter avec quelque plaisir.
   Dans une maison importante
   Etoit une jeune suivante,
Son nom est Isabeau ; la scene est à Paris,
De tout tems le séjour des amours plus chéris.
   Cette galante chambriere,
   Sensible à la tendre priere
D'un jeune homme d'amour pour elle pénétré,
   L'avoit dans son lit retiré :
   Ensemble ils se donnoient carriere ;
Enchantez, Dieu le sait, vous le savez aussi,
   Vous qu'Amour a traités ainsi :
   Quand soudain survint le tonnerre,
   Tel qu'autrefois on l'entendoit,
   Lorsque Jupiter confondoit
   L'orgueil des enfans de la terre.
   A ce bruit la pauvre Isabeau,
Quoique d'ailleurs fortement occupée,
   De frayeur se sentit frappée,

Et craignit dans son lit de trouver son tombeau.
Elle crut que déjà la céleste vengeance
　　S'armoit pour punir son offense :
　　Car le sexe dévotieux,
Même dans le désordre est craintif et pieux ;
Je puis vous en parler avec quelque science :
Moi-même j'en ai vu, le fait est singulier,
　　Me proposer des cas de conscience
Dans le tems où l'on doit soi-même s'oublier.
Quoi qu'il en soit, enfin, notre belle peureuse
Se jette en bas du lit, et seule va chercher
　　Une cave pour se cacher.
　　Le galant veut en vain la suivre ;
　　Non, lui dit-elle en l'embrassant,
Ne me suis point, c'est toi dont l'amour trop pressant
　　A ce cruel danger me livre :
Je vais prier les Dieux qu'il leur plaise arrêter
Leur foudroyant courroux, leur fureur vengeresse ;
Lindor, si tu me suis, je connois ma foiblesse,
　　J'irois encor les irriter.
Enfin le voilà seul, non sans inquiétude,
Mais il fut peu de tems dans cette solitude.
　　Près d'eux couchoit la fille du logis ;
Si je m'en souviens bien, son nom étoit Lisis,
Charmante, ayant encor sa première innocence,
Et si pourtant, déjà quinze ans elle comptoit ;
Peau, gorge, taille, bras, tout beau par excellence ;
　　Le friand morceau que c'étoit !

Le tonnerre l'éveille, ou le malin peut-être,
Car il se sert de tout pour nous faire pécher.
Tremblante elle s'alla près de Lindor coucher,
Qui craignant que Lisis ne vint à le connoître,
Tourne le dos, s'écarte, et n'ose la toucher.
Mais Lisis s'approchant : Isabeau, lui dit-elle,
        Je sens une frayeur mortelle,
        Pour me rassurer tourne-toi :
Tourne-toi, je te prie, et t'approche de moi.
Le moyen de pouvoir refuser cette grâce ?
        Il se tourne, Lisis l'embrasse.
Cependant le fracas redouble dans les Cieux ;
        Et plus elle entend le tonnerre,
        Plus fortement elle le serre ;
        L'Amour n'auroit pu faire mieux.
        Combien difficile il doit être
Qu'un jeune homme content puisse fille paroître
        Dans la posture où le voilà :
Aussi le vif Lindor n'en fut pas long-tems maître.
        Juste Ciel, qu'est-ce que cela !
        S'écria Lisis étonnée :
        De quelle figure es-tu née !
        N'es-tu pas un monstre, Isabeau ?
Je m'en souviens encor, un jour qu'il faisoit beau,
Etant avec ma mere au bord de la riviere,
Je crus voir une femme ayant je ne sais quoi
        D'une forme particuliere,
        Et faite à peu près comme toi.

Qu'est-ce que je vois-là ? demandai-je à ma mere :
Ne le regarde point, c'est un monstre odieux,
    Me dit-elle d'un ton sévere.
Ce monstre toutefois ne me déplaisoit guere,
Et j'eus quelque regret d'en détourner les yeux.
N'es-tu point monstre aussi ? Non, dit d'une voix feinte
Notre fausse Isabeau, mais cela m'est venu
    Des frayeurs dont j'ai l'âme atteinte.
    La chose étrange que la crainte !
  Tel est de peur un lievre devenu,
    Tel autre est devenu cornu ;
Enfin, n'en doutez point, c'est la frayeur, vous dis-je.
Lisis croit cette fable, et ne peut se lasser
    De passer et de repasser
    Sa main sur ce nouveau prodige.
Mais voici des éclairs qui reviennent encor,
Et Lisis de serrer tout de nouveau Lindor,
Même plus fortement alors elle l'embrasse :
    Pour l'estreindre mieux elle passe
Une jambe sur lui ; le drôle prend le tems
    Et voilà ses desirs contens.
    Où te mets-tu, dit l'innocente,
    O Dieux ! la rencontre plaisante,
Qui ne croiroit qu'exprès... Au milieu du discours
La parole lui manque, et l'amour eut son cours.
    Ainsi plusieurs fois le tonnerre
    Par son bruit étonna la terre,
Plusieurs fois de Lindor plein d'amour et de feu

Les frayeurs jouerent leur jeu :
    Mais enfin les craintes passerent,
Ou pour mieux en parler les ardeurs se lasserent.
C'est le sort des mortels, ils seroient trop heureux
Si rien n'affoiblissoit leurs transports amoureux,
Et c'est ce qui des Dieux fait le bonheur suprême ;
Leur pouvoir en amour passe leur desir même.
    Isabeau, lui disoit Lisis,
Quoi d'aucune frayeur tes sens ne sont saisis ?
    N'entends-tu pas gronder la foudre ?
    Ce coup va nous réduire en poudre.
Crains, ma chere Isabeau, crains, je te prie encor.
    C'en est fait, répondit Lindor,
    Au bruit mon ame accoutumée
    Ne sauroit plus être alarmée.
Lisis ayant sur lui tenté ce vain effort,
    De dépit se retourne et dort.
L'autre avoit de dormir une envie aussi forte ;
    Mais malgré son abattement,
Le soin de s'en aller sur ce desir l'emporte.
    C'est la coutume d'un amant ;
    Quand il est content de sa belle,
Il a de la quitter le même empressement
    Qu'il eut de venir auprès d'elle.
    Lindor, suivant ce sentiment,
    Se leve du lit sans mot dire,
    S'habille en hâte et se retire :
    A peine eut-il quitté ces lieux,

Que la pieuse chambriere,
Croyant avoir par sa priere
Calmé la colere des Dieux.
Car pour lors tout étoit tranquille,
Ose sortir de son asyle,
Et vient d'un pas précipité
Trouver ce qu'à regret son cœur avoit quitté :
    Il me semble voir cette amante,
    S'approchant de Lisis dormante,
    L'embrasser amoureusement.
    Lindor, lui dit-elle à l'oreille,
    Peux-tu dormir tranquillement,
Tandis que la frayeur... A ce mot brusquement,
    La belle dormante s'éveille.
    La frayeur ! Dieu ! entens-je bien
    S'écria-t-elle éperdue ;
    Quel bonheur vous l'auroit rendue !
Mais non, tu ne l'as point, et je ne trouve rien.
    Jugez combien Isabeau fut surprise
    Quand de Lisis elle entendit la voix,
Et le seroit encor, si sa main bien des fois
Ne se fut employée à dissiper ses doutes.
Enfin, pour trancher court, elle apprit tout le fait,
Lisis le découvrit par d'innocentes routes,
    Son cœur en fut mal satisfait ;
Chaque mot lui portoit une atteinte mortelle.
Mais fut-ce avec raison ? Soyons de bonne foi ;
Des fidelles amans je suis le plus fidelle,

Mais je répondrois peu de moi
    Dans une occasion si belle :
Et quand j'aurois dû voir tout commerce rompu,
J'en aurois fait autant ; j'entens si j'avois pu.

LA CULOTTE

Chez maitre Jean, l'Italie et la France [1]
Servent toujours de scene aux contes des cocus.
　　Soit, ils y sont en abondance ;
　　Mais n'en est-il qu'en ce Pays sans plus ;
　　Cocuage a-t-il là ses bornes ?
Ce seroit une erreur que de croire cela,
Tout climat, tout terroir est très-fertile en cornes ;
　　O l'heureux plan que celui-là !
　　En voici qui viennent de Flandres ;
Plus l'air en est grossier, mieux y pousse le bois,

1. Surtout la Normandie.

I.　　　　　　　　　15

Car dans un plus subtil il manque quelquefois ;
On a pour les planter cent mesures à prendre.
    Celles-ci vinrent autrement :
Le sol se trouva bon, belle aussi la ramure,
    Il faut vous expliquer comment.

Il étoit à Bruxelles un certain gros Flamand,
Brasseur de son métier, lourdaut de sa nature,
Yvrogne quelque peu de sa complexion,
Lequel avoit moitié de fort belle encolure,
    Et fine assez pour donner tablature
A des maris encor d'une autre nation ;
N'étoit-ce pas beau champ pour chercher aventure ?
    C'est ce que fit un officier anglois,
    Blond, bien doré, et qui par cent endroits
    S'insinua dans le cœur de la belle.
    En moins de rien nos amans sont d'accord,
    Tems de Cyrus ne plaît aux gens du Nord ;
Des moyens de se voir, pour un il en est mille ;
En ce pays surtout la chose est fort facile ;
Mais par plus grand bonheur arriva que l'époux,
    Et quelques-uns de ses confrères,
    En campagne eurent des affaires
Concernant leur métier ; nos brasseurs s'en vont tous,
Et leurs talons tournés, aussitôt rendez-vous
Au cavalier blondin ; pour quand ? pour le soir même.
Où ? l'on s'en doute assez, au logis de l'absent.
    Le tems venu comparoit le galant

Plein d'une impatience extrême ;
Au reste magnifique, et beau comme un soleil.
  D'abord il voit un joyeux appareil :
Buffet garni des mieux, rost tournant, nappe mise,
    Linge d'un blanc, d'une beauté,
    Quand ç'eût été pour un homme d'église ;
    De tout ceci l'amant fut enchanté ;
    Mais au milieu de tant de propreté,
Brilloit, par dessus tout, notre charmante hôtesse,
En habit de combat, ornemens négligés,
    Avec entente, avec délicatesse,
        En plaisirs charmans préjugés ;
Sous sa robe de chambre, ouverte et sans ceinture,
    Un corset collé sur la peau,
Et du sein par en bas, contenant la figure,
    Sans fanfreluche, sans dorure,
    Ne laissoit pas que de paroitre beau :
Du haut de ce corset, d'une blancheur extrême,
S'élevoient deux tetons encor beaucoup plus blancs,
    Fermes surtout, quoique flamands ;
A peine en tout Bruxelles en étoit-il de même ;
    Bref, et la personne et l'habit,
    Formoient un tout de friand appétit.
        Or dans cette heureuse entreprise
        Qu'avoient à faire nos amans ?
        Complimens à perte de vue ;
Se seroient-ils jetés sur les beaux sentimens ?
    Non, point du tout ; mais par des embrassades,

Par des baisers, et longs et savoureux,
Ils expliquèrent mieux leurs feux,
Que par tous ces discours, hors de propos et fades.
Et l'amant par hazard se trouvant à souhait
Vis-à-vis du lit de la belle,
L'y renversa, tomba près d'elle,
Et là... goûta le vin, non celui du buffet.
Vous entendez, je crois, la métaphore.
Ce coup lui parut bon, quoique bû fort soudain.
Quoique sablé ; de là l'on fut à l'autre vin,
Lequel fut trouvé bon encore ;
Et le soupé servi, le reste alla son train :
L'amant bût peu, la maxime en est sage.
L'excès du vin dans l'homme est contraire à l'ouvrage ;
Mais dans la femme il n'en est pas ainsi,
La brasseuse bût davantage,
Et fit en femme sage aussi.
Quelque bonne que fût la chere,
Ce n'étoit point la principale affaire ;
Bacchus n'étoit que second en ce lieu,
Il fit donc place à l'autre Dieu.
L'Amour impatient de rentrer sur la scene
Leur inspire un autre appétit,
Défait la couverture et les met dans le lit.
O ! gens heureux, s'il en est dans la vie,
Qui ne vous porteroit envie ;
Enchaînés par des nœuds, que l'Amour seuls a faits,
Une sécurité profonde

En redouble encor les attraits,
Vous jouissez des biens les plus parfaits,
Mais en est-il dans ce bas monde
Dont on puisse long-temps jouir ;
Et ne voilà-t-il pas, ô mortels misérables !
Un contre-tems de tous les diables
Qui les va faire évanouir ?
Mille coups de heurtoir, frappés avec furie,
Se font à peine entendre à nos amans,
Trop occupés dans leurs embrassemens ;
On y joint une voix qui jure, appelle, crie ;
O ciel ! c'est mon mari, cachez-vous, je vous prie :
Votre mari, c'est lui, c'est sa voix, je l'entends.
Vous autres, gens de Paris ou de Rome,
Prendrez d'abord ceci pour un tour d'habile homme,
Mais ceux de son pays ne sont pas si rusés ;
Quoique déjà chez vous ces vieux tours soient usés,
Ils ne sont pas encor parvenus jusqu'en Flandres.
Voici le fait, et vous l'allez entendre.
Vous jugez bien que nos brasseurs
N'allerent pas à jeun entreprendre un voyage :
Déjeûnons, dit l'un, prenons du courage,
Nos chevaux en seront meilleurs ;
Déjeûnons et dinons, dit un autre plus sage,
C'est un repas et du temps qu'on ménage.
L'avis fut trouvé bon, tout aussitôt grand vin.
Force santés : A toi compere.
On but ensuite à la commere,

Et puis compere buvons plein,
Cela raccourcit le chemin.
L'on s'échauffe, l'on réitere.
Et voilà nos gens en beau train ;
On fit tant qu'à force de boire
On ménagea le tems jusques à la nuit noire :
On remit donc l'affaire au lendemain :
Or adieu, Maître Jean ; bon soir, Maître Grégoire.
Et voilà l'homme au logis revenu,
Sans autre intention que d'épargner son gîte
Et de se coucher au plus vîte ;
L'Anglois surpris, va se coucher tout nud
Au premier coin : l'époux s'empara de sa place ;
En un moment déshabillé,
S'endort et ronfle, hélas ! sans prévoir la disgrace
Par quelle il sera bientôt réveillé :
Sa femme, encor toute tremblante et blême
De ce retour hors de saison,
Rappelle enfin ses sens et sa raison,
Et s'avise d'un stratagême
Pour l'éloigner de sa maison ;
Soit que cela lui parût nécessaire
Pour faire évader son amant,
Soit que pendant l'éloignement
Elle sentit encore quelque profit à faire.
Femme dans l'amoureux mystere
D'invention ne manque nullement :
Celle-ci donc se désespere,

Se tourmente, gémit, feint un mal véhément,
Implorant à grands cris le secours du dormant.
   Je n'en puis plus, à l'aide, je suis morte,
     Se mit-elle à crier tout haut ;
Le moyen d'y tenir, il s'éveille en sursaut :
A qui diable en as-tu de crier de la sorte ?
Hélas ! en me hâtant de vous ouvrir la porte,
   Courant pieds nus, ma colique m'a pris ;
     Là-dessus redoublant ses cris,
Il la croit tout de bon, rangaine sa colere
     Et lui va chercher aussitôt
De certaine eau, secret de son apoticaire ;
   N'en cherchez plus, j'ai tout usé tantôt ;
   Mon cher mari, si vous vouliez plutôt
Donner un coup de pied jusque chez le compere ;
     J'abuse de votre bonté,
     Aussi vous devrai-je la vie ;
Depuis votre départ, dont je me suis saisie,
     Ce mal m'a beaucoup tourmenté ;
A force d'eau pourtant, j'étois presque guérie,
Mais ce dernier malheur l'a si fort augmenté
     Que j'en suis à l'extrémité.
     Notre bon homme, à la tendresse
     Déjà disposé par le vin,
Touché de ce discours, se releve soudain,
Etourdi de sommeil, de plaintes et d'yvresse ;
     Le voilà donc à tâtons sur le lit,
     Cherchant comme il put son habit,

Dispersé d'étrange maniere ;
    Piece de-çà, piece de-là ;
    D'aller chercher de la lumiere,
Le mal presse ; à la fin il s'habille et s'en va.
    Dieu le conduise et bien tard le ramene,
        Voilà déjà sa femme saine ;
    De son retour on n'a pas grand besoin :
    Est-il parti, l'Anglois sort de son coin,
    Cherche à son tour son habit sans chandelle,
    Prend ce qu'il trouve ; il étoit dans un cas,
    Où de si près on n'y regarde pas ;
Cependant maints regrets sont poussés par la Belle
    Bref, il partit sans se faire prier ;
Mais non sans prendre encor le vin de l'étrier.
    Retournons chez l'apoticaire,
    Voyons ce qu'y fait notre époux,
    Hélas ! ce qu'il faisoit naguere :
    Il appelle, il heurte à grands coups :
    De grace, ouvrez-moi, mon compere,
    Ou ma femme est morte sans vous.
Pour or ou pour argent, de l'eau pour la colique ;
    Le compere descend d'en-haut,
    Plaint et console, en ouvrant sa boutique,
    Notre homme veuf ou peu s'en faut ;
Lui livre promptement sa liqueur souveraine :
    Lui, la recevant d'une main,
    Met l'autre à la poche soudain
    Qu'à trouver il eut quelque peine ;

Mais qu'est ceci, dit notre homme troublé,
Je pense qu'en buvant mon argent s'est doublé ;
        Puis approchant de la lumiere,
Pour quelques patagons qu'il y croyoit au plus,
        Trompé d'agréable maniere,
Il tire, s'il vous plaît, force beaux jacobus,
        Monnoie autrement façonnée ;
Schellins [1] en quantité, mainte et mainte guinée,
        Abondance de carolus.
        Voici qui changea bien la these :
        Il fouille de l'autre côté,
        Tire belle montre à l'angloise,
Plusieurs joyaux d'excellente beauté ;
Mignons étuis, gentille tabatiere,
Le tout de riche et brillante matiere ;
        Tant que tout autre spectateur
N'eut point jugé ceci les meubles d'un brasseur,
        Encor moins notre apoticaire,
Fin goguenard, homme nullement sot,
        Qui souriant, sans sonner mot,
        Fut attentif à l'inventaire ;
        Il perça d'abord le mystere,
        Et sans beaucoup de charité,
        Lui dit, en baissant la chandelle :
        Compere, la culotte est belle,
        Que t'auroit-elle bien coûté ?

. Monnoie anglaise.

I.   16

Le bon homme y jette la vue,
Et découvre à la fin la source du trésor,
    Graigues de velours brodé d'or,
        O Ciel ! ai-je la berlue.
        Ne dormirois-je point encor ?
    L'étonnement lui ravit la parole ;
        Mais le malin pharmacopole,
        L'interrogeant tout doucement,
        Lui fait plus au long rendre compte,
        Quand le mal a pris, et comment ?
        L'autre à tout répond bonnement,
        Insensible encor à sa honte,
Fait un détail exact de la nuit et du jour,
        Et du départ et du retour ;
Et des coups de heurtoir, et du trop long séjour
    Qu'il avoit fait sur le pas de la porte.
        Lors notre Docteur éclairci
Lui dit, d'un ton railleur : Ta femme n'est point morte
        Compere je le vois d'ici ;
        Cette culotte est un symptôme
        Qui m'assure de sa santé,
    Et d'ordinaire elle renferme un baume,
        Dont mon eau n'a pas la qualité.
            Je ne pense pas qu'elle en chaume ;
            Au reste te voilà fort bien,
            Par la ceinture et par la tête ;
Tout a son ornement, il n'y manque plus rien.
Tant et tant il en dit à cette pauvre bête,

Et si fort il pinça le stupide animal,
    Qu'à la fin il sentit son mal;
Lors entrant en fureur, menaçant la chrétienne;
     L'autre reprit : Ne fais point le fâché.
     Le troc est bon, pourvu que l'on s'y tienne,
Encor es-tu coëffé par-dessus le marché;
     La pilule est fort bien dorée,
     Il faut l'avaler doucement;
   Ignore tout, point d'éclaircissement,
     Quand l'aventure est enterrée,
     Elle n'est un mal qu'à demi;
     Crois-moi, compere, mon ami,
   Le bruit que fait un mari difficile,
     Répand sa honte par la ville;
Il n'est plaint de personne, au contraire on en rit,
Et de plus, je connois des cocus plus de mille,
     Qui le sont à moins de profit.
Le conseil étoit bon, notre homme le comprit;
L'argent et les joyaux rafraîchirent sa bile;
Et la culotte ¹, enfin, fut la lance d'Achille,
     Qui fit le mal et le guérit.

1. La perte d'une culotte de ce genre, en Normandie, aurait donné
lieu à un procès.

LE REVENANT

A Monsieur le comte de Ponchartrain

Chemin faisant, Seigneur, je vous écris
De mauvais vers, mais tel que les peut faire
Un voyageur, qui pour pénible affaire,
S'en va piquant Mazettes de vil prix.
Pas n'est pourtant tout-à-fait impossible.
Chemin faisant, de plaire quelquefois ;
Témoin certain voyageur qui courtois,
Chemin faisant, rendit pour lui sensible
Une beauté plus rebelle cent fois
Que ne fût onc la Déesse des bois.

Mais puisque j'ai commencé cettui conte,
D'avis serois de vous le mettre à fin.
Chemin faisant volontiers on raconte,
L'on trompe ainsi le tems et le chemin.
Cil dont je parle, étoit natif de Guyenne,
Bien gentilhomme, en est-il d'autres-là ?
Quelque long cours que la Garonne tienne
Elle ne voit en tous lieux que cela,
Que gens issus de noblesse ancienne.
Celui-ci donc, Marquis de Peyremant
Etoit de plus, jeune, bien fait, beau sire,
Accord, hardi, beau parleur, c'est-à-dire
Parlant beaucoup, il n'importe comment ;
Car près du sexe, il ne faut nullement
Dans ses discours avoir tant de justesse.
Flattez, louez même impertinemment,
Sachez parler le jargon de tendresse
Et raffiner toujours bizarement
Sur les devoirs, sur les soins d'un amant,
Et sur les loix de la délicatesse.
Ayez sur-tout beaucoup de hardiesse ;
C'en est assez, vous aurez sûrement
De bel esprit, lettres parmi les belles ;
Vous brillerez dans toutes les ruelles
Et gagnerez le surnom de charmant.
Notre Marquis avoit en abondance
Tous ces talens, et s'en servoit à point ;
A donc un jour qu'en petite chevance

Il s'en alloit : Où ? je ne le sçai point,
Lui-même aussi n'en savoit rien peut-être :
Avanturiers vont souvent au hazard,
Et des nochers le vent est moins le maître.
Mieux que chez eux, comme ils sont toute part,
Il ne leur chaut où le hazard les meine.
Des autres gens le domaine est borné
A quelque coin acquis avecque peine,
Ou qu'en naissant le Ciel leur a donné ;
Mais d'un Gascon le monde est le domaine.
Au hazard donc celui-ci cheminoit
Sur sa jument décharnée, et qu'ornoit
Maint beau ruban, une housse clinquante ;
Le Chevalier à la plume flottante,
Ainsi monté s'alloit applaudissant,
Quand tout-à-coup dans un endroit glissant
S'abat sous lui sa maigre Rossinante.
Heureusement il ne se blessa pas ;
Il se releve, il se secoue et tente
De relever sa bête haletante,
Mais il perdit, et ses soins et ses pas.
Elle touchoit à son heure derniere,
Et vers son maître, auteur de son trépas,
Tournant sa foible et mourante paupiere,
Lui reprocha l'épargne meurtriere
Dont il l'avoit traitée en ses repas,
Puis rendit l'ame et finit sa carriere.
On peut juger combien sur sa jument

Se lamenta le triste Peyremant.
Mais trop long-temps n'en pleura l'aventure
Qu'il rencontra bien meilleure monture.
Pour le tirer de sa perplexité
Passe un carrosse, et dedans une dame
A corps charmant, et qui de tendre flâme
N'avoit jamais eu le cœur agité.
Un vieux époux étoit à son côté,
Sur le devant une jeune cousine,
Le tout allant jouir pendant l'été
D'une maison de cet endroit voisine.
Le bon vieillard voyant l'avanturier
Qui retiroit sa jument du bourbier,
Et le croyant, sur l'air, sur l'apparence,
Homme de rang et d'illustre naissance,
Descend en hâte et lui va présenter
Place au carrosse et toute autre assistance
Dans sa maison, s'il veut bien l'accepter.
D'un air poli le Gascon le refuse;
Plus fortement on le presse, il s'excuse :
Mais à la fin il se laisse tenter.
Dans le carrosse il prend donc une place,
Là d'étaler son savoir avec grace;
De sérieux il régala l'époux,
De riens galans, de tendres bagatelles,
Il entretient tour-à-tour les deux belles.
Egalement il les amuse tous.
Puis comme il faut, il parle de lui-même,

Il est, dit-il, homme de qualité ;
Tel duc, tel prince est de sa parenté ;
Chéri des grands, le roi l'estime et l'aime.
Il leur décrit, terres, bien paternel,
D'un régiment il se fait colonel.
Ce régiment est commandé pour Flandre :
Il va le joindre, et dans un tel endroit
Son équipage est devant à l'attendre,
Tandis que lui, par un chemin moins droit,
Ceci fût dit avec air de mystere,
Seul en secret s'en étoit allé faire
Certains adieux. Ainsi toujours contant
Mainte autre fable encor plus ridicule,
Et d'autre part notre troupe crédule
Avec plaisir, avec foi l'écoutant,
Sans y songer ils arrivent au gite.
Sans y songer, la jeune dame aussi
Sentit les trait de l'amoureux souci.
Quoi, direz-vous, s'enflamme-t-on si vite,
Lorsque surtout on n'a jamais aimé ?
En doutez-vous ? un cœur plein d'innocence
Plus promptement qu'un autre est enflammé.
Il ne connoit l'amour ni sa puissance,
Et s'y soumet sans en être alarmé.
Au lieu qu'un cœur qu'amour tient dans ses chaines,
Qui d'autrefois en éprouva les peines,
Contre ses traits se tient toujours armé.
Il se défie, il fuit devant des charmes,

I.   17

Toujours trompeurs et toujours inconstans ;
Et malgré lui, s'il faut rendre les armes,
Il leur résiste au moins pendant un tems.
Zélide enfin, c'est le nom de la belle,
Perdit dès lors le titre de rebelle ;
Elle se vit changée en un moment.
En bien pourtant se fit le changement ;
Car de l'amour c'est l'effet ordinaire,
Effet réel et non imaginaire ;
Il embellit, il donne des appas :
De cette ardeur la plus petite dose
Vous donne un air, un tour, mainte autre chose
Qu'auparavant on ne vous trouvoit pas.
Zélide donc, bien et dûment éprise,
En arrivant court vite à son miroir,
Frotte ses dents, met la mouche et se frise,
Se fait gracieuse, et puis s'en va revoir
Ce beau marquis qui règne dans son âme.
Pas ne tarda, que regard languissant,
Air inquiet, enfant d'un feu naissant,
Ingénuement n'expliquassent sa flamme.
Pas ne tarda non plus le cavalier,
Qui point n'étoit novice en ce métier,
De bien l'entendre et d'y bien mieux répondre.
Les voilà donc à s'entreminauder ;
Le petit mot ils osent hazarder ;
Soupirs d'aller, regards de se confondre,
Si bien qu'avant qu'il fut le lendemain,

Jà se marchoient sur les pieds l'un de l'autre ;
Jà se serroient furtivement la main :
Mais tout cela, suivant l'usage nôtre,
N'étoit assez, un point manque à leurs vœux,
Point important, sans quoi ne sçauroient être
Tendres amans parfaitement heureux.
Or ce point-là, que devinez peut-être,
Mal aisément pouvoient-ils l'attraper.
Le vieux époux étoit d'humeur jalouse,
Il ne quittoit d'un seul pas son épouse ;
Comment pouvoir un tel argus tromper ?
Pas toutefois n'en soyez trop en peine,
Amour s'en mêle, et rendra sûrement
De ce jaloux la vigilance vaine :
Ainsi fit-il, et voici le comment.
Le vieux époux, homme simple et crédule,
Croyoit à tous prestiges étonnans ;
Songes, sorciers, et surtout revenans
Trouvoient en lui croyance ridicule.
Pendant la nuit, entend-il quelques cris,
Ce sont lutins qu'il s'imagine entendre,
Ou loups-garoux, ou malheureux esprits,
Et le voilà de frayeur tout épris.
Par Peyremant ce foible fut compris ;
Et sur ce foible il ne manqua de prendre
Tous les partis qui pouvoient être pris.
En devisant, le drôle avoit appris
Que dès long-tems le frere du bon homme

S'étoit allé réfugier à Rome,
Pour un duel follement entrepris :
Tout aussitôt à part lui-même il trame,
Pour écarter le jaloux de la dame,
D'aller de nuit faire le revenant,
Dire qu'il est le frere qui peinant
Parmi les feux du brûlant purgatoire,
Pour en sortir demande incessamment
Des oraisons le secours méritoire.
Cela conçu, sans perdre un seul moment,
Il découvrit ce projet à Zélide,
Qui dès l'abord, ou pudique ou timide,
Le rejeta même assez rudement.
Mais le marquis, tant parla vivement,
Qu'à ses desirs il fallut se soumettre.
Elle céda ; ce ne fût cependant.
Qu'en lui faisant avec serment promettre
Qu'il seroit sage, et fors discours ardens
Qu'à ses transports rien ne pourroit permettre.
Que jugez-vous de sa précaution ?
D'un tel serment seriez-vous caution ?
Et pensez-vous que la belle elle-même,
Seule et de nuit auprès de ce qu'elle aime,
De ce serment eût desiré l'effet ?
Ce que je sçai, c'est que la nuit venue,
Mieux se coëffa que jamais n'avoit fait :
Contre son us point ne mit de corset,
Si qu'elle étoit en son lit comme nue,

Certains endroits elle lave avec soin,
A quel dessein ? le dire, il n'est besoin.
Quoiqu'il en soit, à peine le bon homme,
Au lit couché, goûtoit le premier somme,
Que le galant, dans la chambre introduit,
Renverse tout, guéridons, chaises, tables,
Pousse soupirs et sanglots lamentables,
Puis va tirer les rideaux à grand bruit,
Et d'une voix lugubre et gémissante
Tient ce discours, que rempli d'épouvante
L'autre écoutoit presque sans sentiment.
O toi, dit-il, qui dors tranquillement,
Réveille-toi ! daigne écouter d'un frere,
Dont l'amitié te fut jadis si chere,
Les derniers vœux sans nul retardement.
Jà deux jours a, qu'une main meurtriere
Ayant fini ma mortelle carriere,
Pour mes péchés, pendant quatre mille ans,
Je dois souffrir dans les brasiers brûlans
Du purgatoire, à moins que ta priere
De mes tourmens n'interrompe le cours :
C'est ta priere aussi que je reclame.
Malgré la nuit leve-toi donc et cours
Droit à l'église, et là pour ma pauvre ame,
Qu'ores en vain agitent les remords,
Dévotement dis l'office des morts :
Pendant neuf jours, pour moi fais même chose
Car en ce tems où tout mortel repose,

Avec fureur sont redoublés mes maux.
Puis il vous tire, en achevant ces mots,
Des cris affreux du fonds de sa poitrine,
Et vers la porte en hâte il s'achemine.
Or le mari, de frayeur tout transi,
Pendant un tems douta s'il devoit faire
Ce que de lui demandoit ce faux-frere ;
Non que soupçon il eût de tout ceci,
Ains pour la peur qui remplissoit son ame.
Mais ayant pris les avis de sa femme,
Qui bien à point cent histoires lui fit
De gens trouvés étranglés dans leur lit,
Pour n'avoir pas exaucé la demande
D'esprits souffrans, une frayeur plus grande
Le fit résoudre à partir sans tarder.
Il n'eût pas fait deux pas hors de la porte,
Qne le marquis, qu'amour sur l'aile porte,
Marche à Zélide autre octroi demander :
D'aise ravi, près d'elle il va se mettre ;
Mais pour brider son feu trop véhément,
Elle lui fit tout de nouveau promettre
Qu'il sera sage. Il en fait maint serment,
Serment faussé dans le même moment ;
Car dans l'instant qu'il proteste et qu'il jure
Qu'à sa pudeur point ne fera d'injure,
Tantôt il prend sur sa bouche un baiser,
Tantôt il prend sa gorge toute nue,
Mainte autre fois au lit il s'insinue,

Et par discours sçait si bien l'amuser
Qu'il vous parcourt jusqu'au nœud de l'affaire,
Sans qu'à sa main Zélide songe à faire
Obstacle aucun, si ce n'est foiblement :
Puis dans le lit lui-même adroitement,
Toujours parlant, toujours contant se glisse :
Adieu vous dis ores pudeur, serment,
Bien êtes-vous proche du précipice.
Toujours alloit son chemin notre amant,
Et corps à corps serroit adroitement
Cette beauté, qui n'y pensoit malice.
Pour que d'amour tout l'œuvre s'accomplisse
Que manque-t-il ? Un pas, tant seulement.
Ce pas fut fait, grace à dame Cyprisse.
Si que tandis qu'avec soins très-fervens
Ce triste epoux des morts chantoit l'office,
Cettui chanta l'office des vivans.
Rien n'en omit. Avec zele il entonne
Matines, prime, et tierce, et sexte, et nonne,
Vêpres, complies ; enfin tout fut chanté ;
Non tout de suite, ains pauses furent faites,
Comme il convient ; et dans les entrefaites,
Tendre propos entr'eux fut débité
Et de leur tour rirent en liberté.
Et besoin est, seigneur, que je vous dise
Pour prévenir vos notes sur ceci,
Que d'une lieue, ou peu s'en faut, l'église
Distante étoit du logis, et qu'ainsi

Tems auroient eu pour mainte autre entreprise.
Enfin l'époux revint avec le jour :
De point en point il raconte à sa femme
Ce qu'avoit fait pour le repos de l'ame
Du revenant, et la femme à son tour
Dit qu'elle avoit en fervente priere
Pour même fin passé la nuit entiere.
Pas ne mentoit, car efficacement
Elle le fit, et vous sçavez comment.
Mais finissons. Avec la même peine
Le bon vieillard acheva sa neuvaine ;
Avec aussi mêmes ravissemens
Firent la leur nos bienheureux amans.
Toutes les nuits même office chanterent,
Et tant de fois entr'eux le répèterent,
Qu'ils le sçavoient de bout en bout par cœur,
Mieux que ne sçait le sien un vieux chanoine,
Ou mieux encor que ne le sçait un moine,
Qui dès l'enfance a fréquenté le chœur.
Quoiqu'il en soit, la neuvaine finie,
Le beau marquis prit de la compagnie
Tendre congé, remportant avec soi,
Outre le cœur de sa chere Zélide,
Riches joyaux, bourse nullement vuide
Qu'il en reçu pour gage de sa foi.
Et ce point-çi n'est le pis de l'histoire,
Car un gascon, gascon pauvre surtout,
D'être adoré, compte pour rien la gloire,

Si quelque argent ne se rencontre au bout.
Voilà, Seigneur, l'avanture contée,
Et si de vous elle est un peu goûtée,
Chemin faisant j'aurai mieux rencontré
Que ne fit onc l'heureux Gascon, malgré
Tous les plaisirs qui comblerent sa flâme,
Et malgré l'or qu'il reçut de la Dame.

CONTES

DE

SÉNECÉ

LE KAÏMAK

OU

LA CONFIANCE PERDUE

Dans le coin d'un faubourg, à Burse en Bithynie,
Demeurait à l'étroit un pauvre Musulman,
     Bon homme de qui la manie
Etoit de calculer les mots de l'Alcoran,
Et d'en savoir par cœur toute la litanie,
     Sans élever plus haut d'un cran
     Son étude ni son génie :
Du reste, quand aux mœurs, réglé comme un cadran,

Et si dévot, que dans son voisinage,
Il servoit de modele à tous les vrais croyans.
Il avoit femme aux yeux noirs et brillans,
Belle, bien faite, égale, douce, sage,
Pour couper court, femme aimable en tout sens
Et qu'il aimoit, on ne peut davantage.
Puis, comme on sait, dévots et pauvres gens,
Pour honorer l'état du mariage,
Sont la plupart de grands faiseurs d'enfans.
Aussi, Madmoud (c'est notre personnage)
En mouloit-il au moins un tous les ans.
Or une année, il avint qu'en un tems,
Tems de grossesse, où femmes de bon sens
Quelquefois paroitront folles à triple étage,
Tant leurs goûts sont extravagans,
La sienne eut une envie, ou plutôt une rage,
De tâter d'un certain laitage,
Qu'on nomme en Turc du Kaïmak.
J'ai, disoit-elle, un feu dans l'estomac,
Qui me dévore, et suis sûre, je gage,
Sans me regarder au miroir,
Qu'il y paroit à mon visage.
Mon cher mari, mon cher bon, mon espoir,
Fais-moi manger du Kaïmak ce soir.
Ce soir ! s'écria-t-il, je voudrois le pouvoir :
Mais comment faire ? on n'en vend qu'au village ;
C'est fort loin, il est tard : tu sais bien tout cela ;
Jusqu'à demain, m'amour, tâche à prendre courage :

Je t'en irai chercher. Cependant d'ici-là,
Observe bien tes mains : car, dis-moi, quel dommage,
Si, te grattant partout où le hazard voudra,
Tu nous allois planter un morceau de fromage,
Droit sur le bout du nez du poupon qui viendra !
    La pauvrette, à ce badinage,
Sourit, prit patience, et pourtant soupira.
Dès la pointe du jour, Mahmoud lui tient parole,
    Choisit un plat bien écuré,
      Et court, ou plutôt vole,
    Au laitage tant désiré.
    Mais, en allant, s'il fut Éole,
Pour le boiteux Vulcain on l'eût pris au retour,
Lorsqu'il vint à passer par une longue plaine,
    Dont le soleil faisoit un four.
Heureusement, au bout il vit une fontaine
Rencoignée à l'écart dans un petit détour,
Et tout clopin clopant, s'y rendit avec peine.
Son bassin regorgeoit d'une eau riante et saine ;
Des gazons émaillés l'ornoient tout à l'entour ;
Un Plane l'ombrageoit par son vaste contour,
Et les zéphirs au frais, sans agiter l'arene,
Luttoient si joliment contre le chaud du jour,
Qu'au murmure de l'onde et de leur douce haleine
    Tout sembloit dire en ce séjour :
    Ou dormez, ou faites l'amour.
Faire l'amour ! Mahmoud n'en avoit point d'envie,
    Quand même il auroit eu de quoi,

Mais oui bien de dormir, et plus que de sa vie :
Aussi tout étendu dormit-il comme un Roi,
Posé le cas qu'un Roi dorme mieux qu'un autre homme ;
         J'en pense au rebours, quant à moi.
Quoi qu'il en soit, tandis qu'il dépêche son somme,
Un gros serpent goulu, d'ailleurs fort bien instruit,
     Dont l'arbre creux formoit le gîte,
       En dégringole à petit bruit,
Mange le Kaïmak, y remonte au plus vite,
       Et juste dans le plat d'étain,
Qu'avoit mis le dormeur auprès de son oreille,
       Laisse tomber un beau sequin.
Le Turc ouvre les yeux, à ce son argentin,
Regarde, se les frotte, et si fort s'émerveille,
       Qu'il doute s'il dort ou s'il veille,
Ne pouvant concevoir ni par qui, ni par où,
Dans un lieu si désert lui venoit telle chance,
Quand l'animal passant la tête hors de son trou,
Se dresse, se rengorge en serpent d'importance,
Siffle pour l'avertir, et lui dit : Cher Mahmoud,
       D'un petit air de connoissance,
Vraiment ton Kaïmak étoit de fort bon goût ;
Il y paroit, je crois, à ma reconnoissance ;
       En effet, j'en suis si content,
Que si tu me promets de garder le silence,
Et de m'en apporter chaque matin autant,
Un sequin tous les jours sera ta récompense.
Notre homme qui de peur étoit quasi perclus,

A de si doux propos, si richement conçus,
Se dégourdit, se leve, et fait la révérence;
   Promet du secret tant et plus
A l'illustre animal, qu'il traite d'Excellence
(Beaux titres de tout tems suivirent la finance);
Et devenu léger, de nouveau recourut
Chercher du Kaïmak pour sa chere femelle.
Savoir sur son retard ce qu'il dit à la belle,
Quelle fut son excuse, et comme on le reçut,
Il n'en est point parlé : c'est pour moi lettre close.
   Mais de retour à son taudis,
   Aussitôt la premiere chose
Fut, le corps contre terre, et l'ame au paradis,
De rendre grace au ciel de sa bonne aventure.
Grand Mahomet, dit-il, pourvu que ceci dure
   Seulement cinq ans accomplis,
Je te jure d'aller en ces lieux annoblis.
   Par ta naissance et par ta sépulture.
Oh! pour moi, quelle joie inénarrable et pure,
Si je puis sur ce point contenter mes désirs!
Oui, la Mecque, Médine, objets de mes soupirs,
Dont aux seuls noms mon cœur tressaillit d'allégresse,
   Je vous irai voir, j'en fais vœu,
   Si ce bon serpent du bon Dieu,
   Durant cinq ans tient sa promesse.
   Et de fait, ce tems révolu,
Il étoit à partir déjà tout résolu,
Lorsqu'en s'y préparant un article l'arrête :

Il songe qu'il va se priver
D'un sequin chaque jour; la rente étoit honnête
   Et méritoit bien d'y rêver.
Mais en fait d'intérêt, un manant, une bête,
Inventifs en moyens, savent mieux les trouver
   Qu'homme du monde et bonne tête.
Voici le tour qu'il prit pour sortir d'embarras.
Il s'en fut au serpent, comme un frere à la quête,
Le col tors, l'œil baissé, marchant à petits pas :
Lui fit d'un ton piteux une adroite requête
Sur son vœu qui le trouble, et demi-prosterné,
Finit en le priant avec très-humble instance,
De permettre qu'Osmin, de ses enfans l'aîné,
   Garçon de vingt ans, bien tourné,
Sage, discret, fidele, et plein d'intelligence,
   Eut l'honneur, pendant son absence,
   De lui porter le déjeûné.
Le reptile d'abord, par un air renfrogné,
Pour tout ce beau projet marqua sa répugnance;
Et loin d'y consentir, au vieillard étonné,
   Fit cette verte remontrance :
Pauvre homme ! lui dit-il, quel désir effréné
Te prend si follement de courir à ton âge ?
Sur quoi, pour ton salut, plus vif qu'illuminé,
Fondes-tu le besoin de ce pélerinage ?
Mahomet, me dis-tu, l'a lui-même ordonné.
Oui, mais non pas à toi, par l'hymen enchaîné;
Prends l'esprit du Prophete, et lis bien ce passage :

Ni ta loi, ni ton vœu si mal imaginé,
Ne sauroient te contraindre à faire un tel voyage.
Va, mon ami, crois-moi : des tiens environné,
Crains Dieu, sers le prochain, et veille à ton ménage :
Voilà l'essentiel; le reste n'est qu'usage,
Bon ou mauvais, suivant qu'il est surbordonné,
Aux principaux devoirs où ton état t'engage.
A l'égard de ton fils, que tu dis si bien né,
C'est de tous tes pareils l'ordinaire langage;
    Chez eux l'amour-propre incarné,
Toujours dans un enfant offre une belle image;
Un pere en lui s'admire, et d'un œil fasciné.
    Se contemplant dans son ouvrage,
Par ses propres défauts, souvent le trouve orné.
    Au reste, pourtant, je veux croire
Qu'à toutes tes vertus le tien discipliné
    Mérite l'éloge et la gloire
    Dont tu me l'as enluminé.
    Mais le tout bien examiné,
Il ne me convient pas, en saine politique,
De me livrer ainsi, moi serpent suranné,
A jeune adolescent au menton cotonné;
Je veux un homme fait, et dont la barbe pique :
Tu m'entends; songes-y; bon soir, point de réplique.
Mahmoud, de ce sermon interdit, consterné,
    En petit béat obstiné,
Jugea le premier point tout à fait hérétique,
    Et comme pere un peu borné,

Trouva le second fort caustique.
Mais il sait prudemment contenir son chagrin :
Car, s'il se fâche, adieu la rente du sequin,
    Ou le voyage de la Mecque.
Pour venir donc à bout de son pieux dessein,
    Et conserver son hypothéque,
Il retourne à la charge, et fait tant qu'à la fin,
    Par son importune priere,
Le serpent, malgré soi, consent que le blondin
Exerce auprès de lui l'office de laitiere.
Ravi de ce succés, il vous part de la main,
Vient tout dire à son fils, lui montre la maniere
De servir en secret la bête familiere,
    Qu'ils vont voir dès le lendemain ;
Et pour être plus sûr qu'il saura le chemin,
    Et retrouvera bien le plane,
Il l'y conduit encor trois jours à même fin,
Puis dans deux petits sacs, mettant tout son frusquin,
    S'en va joindre une caravane.
    Bon voyage au vieux pélerin ;
Laissons-le à sa façon monté sur un roussin,
    Courir à la béatitude,
Et voyons à présent ce que va faire Osmin.
    Le serpent, soupçonneux et fin,
    Pour se guérir de toute inquiétude,
Avoit, en l'acceptant, exigé par prélude,
Que s'il vouloit toujours être son bien-aimé,
    Il ne viendroit jamais armé ;

Item, que sous sa solitude,
   Son Kaïmak seroit porté,
Et que lui, pourvoyeur, se tiendroit écarté,
Tandis que lui reptile, en pleine quiétude,
   Mangeroit à sa volonté.
Tout cela fut promis et fut exécuté
Pendant près d'une année avec exactitude :
Mais le tems à la longue engendre l'habitude ;
L'habitude conduit à la sécurité,
Et souvent celle-ci mene à l'ingratitude,
Ainsi que l'animal, par son trop de bonté,
   En fit une épreuve bien rude :
Car s'étant démenti de sa rigidité
   En faveur de la mine prude
   Et de l'air de simplicité,
Dont l'hypocrite Osmin s'étoit fait une étude,
   Pour masquer sa perversité,
   Il lui donna la liberté
D'approcher, et fut même encore assez facile
Pour s'en laisser toucher en toute privauté.
Oui-da, dit à part soi ce cœur de crocodile,
   Un jour qu'il l'avoit bien flatté !
   Puisque vous êtes si docile,
Il faut mettre à profit votre docilité,
Et nous verrons un peu, Monseigneur du Reptile,
   Ce que tient votre coffre-fort.
Depuis plus de six ans, tous les jours il en sort
Sequins d'un très-bon poids et meilleurs qu'à la ville :

Mais comptez que demain vous serez mis à mort,
Et qu'à vous succéder je serai fort habile.
C'est bien à vous, ma foi ! Bête rampante et vile,
    A jouir d'un si grand trésor !
L'or n'est fait que pour l'homme, et l'homme est fait pour l'or :
L'un sans l'autre en ce monde est un être inutile.
    Tant pis pour un pere imbécile,
Si, pouvant s'enrichir, il est·demeuré gueux !
    Foible d'esprit et scrupuleux,
    Ne sont que des mots synonymes.
Osmin, ainsi frappé de ces belles maximes,
    Forme déjà mille projets;
Il aimoit les grandeurs, les jouvenceaux, les dames,
    Et tous les plaisirs à l'excès.
Je veux d'abord, dit-il, épouser quatre femmes,
Avoir deux cents chevaux, au moins trente odaliks,
Cent valets, six sérails, dix ou douze chiffliks,
Le reste à l'avenant; et je ferai de sorte
Qu'on me verra peut-être un des premiers pachas :
Car avec de l'argent que ne devient-on pas ?
De ce dangereux son l'idée étoit si forte,
  Qu'il n'en dormit non plus toute la nuit
Que pucelle à vingt ans, la veille de ses noces.
    Mais sitôt que l'aurore luit,
    Ses mains avides et féroces
    Brûlant déja de s'assouvir
Du sang qu'il doit verser, de l'or qu'il veut ravir,
    A sa ceinture il s'arme d'une hache,

Sous sa pelisse adroitement la cache,
    Porte au serpent du Kaïmak
    Une fois plus qu'à l'ordinaire,
Et lui dit : Monseigneur, selon notre almanach,
C'est aujourd'hui Beiram ; j'ai cru pouvoir vous plaire,
    En vous y faisant prendre part.
L'an passé, comme un sot, je n'osai pas le faire :
Excusez si je sens ma faute un peu trop tard.
Au surplus, je voudrois, en l'avouant sans fard,
Pouvoir plus dignement vous témoigner mon zele :
Mais que vous présenter ? La nature ni l'art
    Ne m'offrent rien à votre égard
    De plus exquis que cette bagatelle.
Par ces mots emmiellés, le doucereux caffard
Engeole de façon le reptile richard,
    Que celui-ci charmé, de tout le remercie,
Et barbotte, en mangeant, quasi comme un canard.
Alors ce déloyal, voyant qu'il officie,
    Sans l'observer d'aucun regard,
Lui décharge un fendant : mais que ce soit hasard,
Ou céleste bonté des forfaits ennemie,
    Notre agile bête avertie,
Voit le coup, et l'esquive en sautant à l'écart,
Pas si bien cependant que la hache qui part,
En faisant son chemin, ne lui coupe la queue.
On dit qu'elle en parut de rage toute bleue.
Que cela soit ou non, ce n'est rien que cela :
Pour le conte, il suffit que jaune, bleue, ou brune,

Sautant au cou d'Osmin, elle vous l'étrangla,
Et que comme aux pachas cette fin est commune,
Lui qui vouloit tant l'être, au moins le fut par là.
Le serpent le suçoit encore avec délices,
Quand plusieurs passagers courant de çà de là,
Vinrent fort échauffés offrir de vains services :
Il n'en étoit plus tems ; déjà de son étui,
L'ame du scélérat, qu'escortoient tous les vices,
  Au fond des enfers avoit fui.
Quelqu'un le reconnut : on l'emporta chez lui,
  Où tous les voisins se rendirent.
C'étoit de la maison l'espérance et l'appui ;
On peut s'imaginer ce que dirent et firent
Ses parens désolés dans leur premier transport :
  Jamais douleur ne fut plus vive.
Mais tandis qu'en hurlant, ils déploroient son sort,
Voici qu'à point nommé, maître Mahmoud arrive.
Quel spectacle pour lui ! quel retour ! quel abord !
  Il en tombe presqu'en foiblesse.
Du peu qu'on sait du cas, on lui fait le rapport ;
Et chaque mot qu'on dit le pénétre si fort,
Qu'il s'arrache le poil, et rugit de détresse.
  Lui seul sait où le bât le blesse :
  Vu que par un zele indiscret
  Qui fournira peu de copies,
En comptant sur son fils qu'il croyoit si parfait,
Il ne lui restoit rien de tout son petit fait,
  L'ayant tout mis en œuvres pies ;

De sorte qu'accablé de regrets infinis
De ne voir dans ses sacs si dodus à la mine,
Que des colifichets et des haillons bénis
Qu'il avoit rapportés du tombeau de Médine,
Il plaint bien moins le mort qu'il ne fait les vivans :
Car pour lui, pour sa femme, et neuf ou dix enfans,
Tout cela mis au pot eut fait maigre cuisine.
  Que devenir dorénavant,
   Avec sa nombreuse famille,
   Si son bienfaiteur le serpent
   Ne la nourrit et ne l'habille ?
Après donc quelque tems passé dans les douleurs,
A ses dépens plus sage, enfin il les surmonte,
Va devant l'animal répandre force pleurs,
Lui porte du laitage enjolivé de fleurs,
  Croyant y bien trouver son compte,
Et s'informe de tout ; l'animal le lui conte
Juste de point en point, puis faisant le plongeon,
Plante là mon pleureur avec sa courte honte.
Mahmoud, au désespoir d'un si dur abandon,
En vain prie et gémit, tendrement le rappelle,
Traite son fils d'ingrat, de monstre, d'infidele,
  Maudit sa mémoire et ses jours.
Mais moi, pauvre innocent, qui t'honore, qui t'aime,
Pourquoi, lui crioit-il, me fuis-tu comme un ours ?
Nous étions tant amis ! soyons-le encor de même,
Et de notre marché renouvelons le cours.
Le Reptile, inflexible à tous ses beaux discours,

Aussi saoul de le voir. que dégoûté de crême,
Par ce.trait simple et vif, s'en défit pour toujours :
Amis ! soit ! j'y consens, mais au moins d'une lieue ;
Car, pour de près, vois-tu, crois ce que je te dis :
Tant qu'il te souviendra que j'ai tué ton fils,
Et que je penserai qu'il m'a coupé la queue,
Nous ne pourrons jamais être de vrais amis.
Dès que la confiance est une fois perdue,
        Ne comptez plus de la ravoir.
On peut, par amitié réelle ou prétendue,
En montrer le fantôme et le faire valoir :
Mais que du fond du cœur elle soit bien rendue,
        Cela passe l'humain pouvoir.

CAMILLE

ou

LA MANIÈRE DE FILER LE PARFAIT AMOUR

Dieu fasse paix au gentil Arioste,
Et daigne aussi mettre en lieu de repos
Jean la Fontaine, auteur fait à la poste [1] ;
Du Ferrarois, adoptant ses bons mots !
Chrétiens étoient, quoiqu'à tort dans le monde,
Leur badinage ait glissé le venin
Qu'a répandu la fable de Joconde
Sur le vernis de l'honneur féminin.

[1]. Vieille expression qui signifie « à la guise » ou « sur le modèle. »

Pour Juvénal, c'est un homme damnable,
Lui, son copiste et tous ses adhérens ;
Maudits payens, qui du sexe adorable
Font des portraits du vrai si différens,
Toujours forgeant impostures nouvelles,
Crimes nouveaux l'un sur l'autre entassés ;
Et toujours prêts à lancer sur les Belles
Les traits piquans dont ils sont hérissés,
Gens à fagot, et cela c'est tout dire.
De leurs fureurs le Parnasse rougit :
Contre eux n'écheoit rétorquer la satire ;
Laissons-les là. Le fait dont il s'agit,
C'est que j'entens faire amende honorable
D'un attentat qui m'a paru si noir,
En écrivant l'histoire mémorable
D'une Beauté fidelle à son devoir.
Essayer veux, si mes forces suffisent,
A revêtir la sainte honnêteté
De quelque grâce. Auteurs qui ne médisent
N'ont les rieurs souvent de leur côté :
Voilà le siècle et le train qu'il veut suivre.
Lit-on du mal ? c'est jubilation :
Lit-on du bien ? des mains tombe le livre.
Qui vous endort comme bel opium.
Ne croyez pas que l'intérêt me mène,
Ni que j'aspire à secrettes faveurs :
Si peu m'en faut que ce n'est pas la peine
Or je commence à l'aide des neuf sœurs.

Un gentilhomme, ennuyé de la guerre,
Se maria sous un astre benin.
Prit belle femme, et vivoit dans la terre
Qu'il possédoit au sauvage Apennin.
Commencemens sont doux en mariage :
Nouvelle ardeur, flatteurs empressemens,
Jeunes attraits exposés au pillage
Y font passer d'agréables momens.
Bientôt après, quand pleine jouissance
De larges dons accable un cœur lassé,
Molle tiédeur, ennuyeuse indolence
Y font languir l'appétit émoussé.
Ce fut le cas où se trouva mon homme
Après six mois. L'ardente ambition
Chez lui s'éveille, ainsi que d'un long somme.
Le cœur humain n'est point sans passion ;
De s'expulser elles font leur étude,
Comme est un clou par un autre chassé.
Chez notre époux surgit l'inquiétude ;
Il fut rêveur, il fut embarrassé.
Jeunes tendrons, si l'amour se repose,
S'il prend haleine ou demeure perclus,
Par les effets remontant à la cause,
Pensent d'abord qu'on ne les aime plus
Dans quels soucis as-tu l'ame égarée ?
Lui dit un jour sa belle, et quel destin
A nos plaisirs a fixé la durée,
Comme à la fleur qui ne vit qu'un matin ?

A tes froideurs trouve au moins une excuse ;
Pour te complaire ai-je rien négligé ?
Je suis la même, ou mon miroir m'abuse,
Je suis la même, et ton cœur est changé.
Ah ! si l'ingrat épuisé de constance
Ne peut répondre à ses engagemens,
Rends-moi, cruel, rends-moi l'indifférence
Où je vivois avant tes faux sermens.

Sur Hyppolite, un si tendre langage
Fit son effet : il sent son cœur grossi ;
Avec la bouche, il ferme le passage
A cette plainte, et lui répond ainsi :
Détrompez-vous, Camille, et de ma flamme
Portez, ma chere, un meilleur jugement :
Je vous adore, et jamais dans mon ame,
L'heureux époux ne détruira l'amant.
Si quelquefois d'un peu de rêverie,
Je vous fais voir mon esprit agité,
Ce n'est sans cause : homme qui se marie,
Mieux que devant connoît sa pauvreté.
De mes ayeux, l'opulence sans cesse
Vient réveiller un souvenir cuisant
Dans ma mémoire. O ciel ! que la noblesse,
Sans la fortune, est un fardeau pesant !
Puis-je souffrir qu'une beauté céleste,
Qu'en pleine cour on devroit respecter,
Soit confinée en ce château funeste

Où les hiboux ont peine d'habiter ?
Mais quoi ! la cour, sa dépense effrénée
M'accableroit d'un désordre subit ;
Mon revenu de la meilleure année
Suffiroit-il pour vous faire un habit ?
Une ressource à ma peine se montre.
De l'Empereur je suis un peu connu :
De mon courage, en plus d'une rencontre,
Jusqües à lui le bruit est parvenu ;
Sur l'ennemi du puissant Charlemagne,
Dans un combat, je pris deux étendards,
Lorsqu'à Didier une seule campagne
Ravit des mains le sceptre des Lombards.
J'ai des patrons : ni valeur, ni mérite,
Sans les patrons, ne conduisent à rien.
Il faut, Camille, il faut que je vous quitte,
Pour vous revoir plus digne d'un tel bien.

De ce propos, comme d'un coup de foudre,
Le tendre cœur de Camille est frappé :
A ce départ, il ne peut se résoudre ;
De pleurs amers son visage est trempé.
L'amour propice à son époux fidele,
Pour les sécher lui prêta son bandeau ;
Sur ce qu'il fit pour consoler la belle,
La modestie a tiré le rideau.
Autant que lui, Camille ambitieuse
Examinant ce dessein de plus près,

Goûte la chose, et la croit sérieuse ;
Elle y consent : il part deux jours après.

Seul ne partit : cruelle jalousie
Lui saute en croupe, et d'un air dangereux,
Chemin faisant, trouble sa fantaisie
Par ce discours : « Où vas-tu, malheureux ?
« Laisser seulette épouse jeune et belle,
« Est-ce, Hyppolite, un acte de bon sens ?
« C'est la livrer à quelque ardeur nouvelle.
« Ignore-tu quel tort ont les absens ?
« Ces campagnards dont elle est entourée,
« Gens désœuvrés et d'un honneur surpris,
« Cherchant à faire amoureuse curée,
« Est-ce un danger si digne de mépris ?
« Bien sots sont-ils : mais si le goût fantasque,
« L'extravagant, la saisit tout-à-coup,
« Elle peut mettre un cimier sur ton casque
« Dont l'ornement te déplairoit beaucoup. »
Trois fois la crainte, à sa flamme timide,
Sonne retraite, et lui glace le sein :
Trois fois l'honneur le saisit par la bride,
Et l'encourage à suivre son dessein.

Les enchanteurs pour lors étoient en vogue,
Par leur savoir du commun distingués :
Devin, sorcier, nécroman, astrologue,
A l'opéra, mais-hui sont relégués ;

Plus ne connois d'enchanteurs sur la terre
Que deux beaux yeux. Hyppolite passant
Un noir vallon qu'un double mont enserre,
Entend parler d'un vieillard tout puissant
Sur les enfers. Pour garantir sa tête
D'un accident qu'il craint plus que la mort,
A l'enchanteur il présente requête,
Ouvre sa bourse, et lui demande un sort.
Alors, d'un ton qui fait pâlir la lune,
L'homme infernal lui dit : Pauvre abusé !
Ce que tu veux dépend de la fortune,
Et sur ce point mon art est épuisé.
Femme coquette en sait plus que le diable.
Quand il lui plaît enrôler son époux
Dans le grand ordre, et son cœur variable,
En fait d'amour, est plus sorcier que nous.
Si ton étoile incline au cocuage,
Cocu seras : l'enfer est sans pouvoir,
Pour l'empêcher. Mais tiens, prends cette image ;
Par sa vertu, tout mari peut savoir
Quel est son sort. Si la femme est fidelle
Au sacrement dont le nœud la lia,
La cire en reste aussi blanche, aussi belle
Qu'elle l'étoit le jour qu'on l'employa.
Quand on la tente, alors de la figure
La couleur mue et commence à jaunir :
Mais si l'honneur souffre quelque fêlure,
Noire et puante on la voit devenir.

Le beau présent, du jaloux Hyppolite
Fut fort prisé, fut payé largement,
Et par la main du charitable hermite,
Dans son étui renfermé proprement.
O chevalier ! quelle est l'impertinence
Du talisman qu'il te plaît d'éprouver ?
L'amour jaloux a si peu de prudence
Qu'il va cherchant ce qu'il craint de trouver.
Notre guerrier se remet en voyage,
Et le poursuit, gai comme un papillon.
Lui, sa poupée, et tout son équipage
Arrivent sains au camp de Roussillon.
Aux Sarrasins l'empereur Charlemagne
Et ses barons faisant guerre en ce tems,
Sous leurs drapeaux, aux frontieres d'Espagne
Avoient conduit cent mille combattans.
Gens de valeur étoient lors de requête :
A la bonne heure Hyppolite est venu ;
Roland l'accueille, et Renaud lui fait fête ;
Par leur récit, son mérite est connu.
Sur leur parole, on met sous sa conduite
Trois jours aprés un gros détachement,
Devant ce chef, l'ennemi prend la fuite,
Puis est forcé dans un retranchement.
Quatre châteaux pourvus de bonnes rentes,
Par sa victoire, aux chrétiens sont acquis,
Et l'Empereur, par ses lettres-patentes,
Lui fait un don de ce qu'elle a conquis.

Le voilà riche et tout brillant de gloire,
Et ce qui rend son bonheur achevé,
Son beau portrait, exempt de couleur noire,
Offre à ses yeux un teint bien conservé.
Qu'il fit alors de châteaux en Espagne
Touchant l'objet de ses affections !
Qu'il désira la fin de la campagne,
Pour l'amener dans ses possessions !
Mais la fortune incessamment alerte,
Pour opprimer les gens au dépourvu,
Le réduisit à deux doigts de sa perte
Par un endroit qu'il n'avoit pas prévu.

Comme il sortoit un matin de sa tente,
S'acheminant vers le quartier du roi,
A son abord, certain fat se présente
Caracolant sur un beau palefroi ;
Un étourdi qui se faisoit connoitre
Par ses grands airs pour homme écervelé,
Et qu'à la cour on nommoit petit-maitre,
Vieux sobriquet qui s'est renouvelé.
Bon jour, baron ; connois-tu bien Anseaume
De Riparol ? aux hommes de valeur,
Je suis acquis plus qu'autre du royaume,
Et je te veux servir vers l'Empereur ;
Compte sur moi, j'y fais quelque figure...
Notre Hyppolite, à ce plaisant début,
Vous l'envisage ; il connoit l'encloueure,

Et d'un air froid, il lui rend son salut.
L'autre poursuit : On dit que ton épouse
Passe pour belle, et je suis étonné
Qu'étant issu de nation jalouse,
Par toi le soin en soit abandonné.
Lorsque ton front, loin de son domicile,
Est de lauriers couvert par tes exploits,
Qui te répond qu'une femme fragile
Ne s'émancipe à le charger de bois ?
Pareil souci, repartit Hyppolite,
Un seul moment ne peut m'inquiéter ;
Ma femme est sage, et j'ai de sa conduite
Plus d'une preuve à n'en pouvoir douter.
Bon ! dit Anseaume, elle te paroit sage
Dans un désert, et loin de tout danger :
Mais résister aux gens de son village
Est un effort de mérite léger ;
Si courtisan essayoit l'aventure
Tel que je suis, en tirer bon parti,
Dans peu de jours seroit affaire sûre.
—Qui, vous ?—Oui, moi. — Vous en avez menti.
Flamberge au vent. On court, on les sépare ;
A Charlemagne, on fait à son dîner
Tout le détail d'un démêlé si rare :
En sa présence, il les fait amener.

Plein de fureur dont l'excès le travaille
Vient Hyppolite en l'honneur outragé,

Jette son gant, et pour avoir bataille,
A l'Empereur il demande congé.
A donc Anseaume : Avoir l'ame peureuse
Est un défaut qu'on ne m'impute, point ;
Pas ne croirois ma victoire douteuse,
Quand Hyppolite à Roland seroit joint :
Mais un combat tient la chose indécise ;
Sauroit-on mieux, quand il m'auroit battu,
Si son épouse a, sur la foi promise,
Un si grand fond d'invincible vertu ?
La vérité, d'autres soins occupée,
A point nommé, pleuvra-t-elle des cieux
Rendre un arrêt pour la meilleure épée ?
Arrêt douteux ou faux. Mais faisons mieux :
J'ai de beaux fiefs aux bords de la Garonne ;
Mal-à-propos si je me suis vanté,
Je veux les perdre, et je les abandonne
A lui, ses hoirs et leur postérité.
Contre mes biens, je ne veux d'autre gage
Que mon plaisir, sa honte et son ennui,
Pourvu qu'avis, par lettre ou par message,
De la gageure il ne donne chez lui.
D'un tel marché fut content Hyppolite,
Bien qu'il ne plût aux sévères humeurs,
Et que Turpin [1] qui n'étoit hypocrite,
Le prétendit contraire aux bonnes mœurs.

1. Grand aumônier de Charlemagne.

Dans ce tems-là, morale relâchée
Des bons Gaulois régloit les actions
Comme aujourd'hui. Copie est dépéchée
Aux contractans par les tabellions ;
Terme trois mois, attendu la distance.
Lorsqu'Hyppolite, au logis retiré,
De son contrat eût pesé l'importance,
Il le trouva fort inconsidéré.
Qu'as-tu donc fait, disoit-il en lui-même,
Vil chevalier ? A quoi t'es-tu soumis ?
Et cet honneur dont le prix est extrême,
Est-ce un trésor à mettre en compromis ?
S'il est par fois de légeres cervelles
Parmi les gens qui chaussent éperons
Anseaume en est : mais ils plaisent aux belles
Ces emportés, ces fous, ces fanfarons.
Des damoiseaux la nation timide,
Quand il s'agit d'affronter bataillons,
A du courage, et paroît intrépide,
Quand il ne faut qu'insulter cotillons.
Tels étourdis ne manquent point d'audace
Pour s'établir dans un poste avancé,
Et font d'abord, pour forcer une place,
Leur logement sur le bord du fossé.
Si de ses airs Camille étoit charmée,
Comme il se peut, par ma convention
Je deviendrois la fable de l'armée,
Et le jouet de mon ambition.

A mon secours, ma gentille figure !
Ajoutoit-il en ouvrant son étui ;
Reste toujours aussi blanche, aussi pure
Qu'à mes regards tu parois aujourd'hui.
Pendant qu'ainsi la crainte et l'espérance
Sur Hyppolite agissent tour-à-tour,
Pour son voyage, Anseaume en diligence
Fait ses apprêts, et part au point du jour.
Bien qu'il comptât sur ses minauderies,
Et se crût beau comme défunt Médor,
Point n'oublia le coffre aux pierreries,
Bijoux de prix, ni bourses pleines d'or.
Assez savoit le rafiné manœuvre,
Que des ressorts que l'amour fait jouer,
Celui des dons, s'il est bien mis en œuvre,
A rarement le malheur d'échouer.

Tandis qu'il marche à petites journées
Pour arriver avec un teint plus frais,
Faisons un saut du pied des Pyrénées
Sur l'Apennin : ce sont là de nos traits ;
Le bon Pégase, excellente monture,
Ne fait qu'un bond du Tibre au Tanaïs :
Gens usités à pareille voiture,
En peu de tems battent bien du pays.

Dans son château, Camille plus fleurie
Que le printems, vivoit paisiblement :

Ses chiens, ses fleurs et sa tapisserie
Etoient l'objet de son amusement,
Chaste pudeur, piquante modestie,
Avec leur sœur timide honnêteté,
Et de vertus une troupe assortie,
Assiduement lui pressoient le côté.
Pour des amours, pas seulement une ombre,
Hors le permis, qui, par bonne amitié,
Seul la suivoit, si décharné, si sombre,
Si mal nourri qu'il en faisoit pitié.
Tel qu'un moineau, qui de tendre pucelle
Fait les ébats, tantôt sous le jupon,
Tantôt fourré dans le sein de la belle ;
L'aile et la queue elle arrache au fripon,
Pour empêcher que l'ardeur printanière
Ne fasse faire à son oiseau lascif
Un beau matin l'école buissonniere ;
En peloton il se met tout pensif,
Se plonge en l'eau, se vautre sur l'arene,
Ou dans sa cage est couché tristement,
En attendant que le tems lui ramene
Gaité, vigueur et premier ornement.

Comme Camille un soir sur sa terrasse
Prenoit le frais, attentive à rêver,
Au cabaret du faubourg, sur la place,
Grand équipage elle voit arriver.
Cours, l'Eveillé ; va-t-en voir au plus vite

Si ces gens-là ne viendroient point du camp,
Et s'ils sauroient nouvelles d'Hyppolite.
L'Eveillé trotte et revient sur le champ.
Un écuyer à sa suite s'avance ;
Il la salue et, pour un inconnu
Venant du camp, il demande audience.
Camille alors : Qu'il soit le bien venu !
Bientôt après, le téméraire Anseaume
(Car c'étoit lui, paré comme un époux,
En linge blanc et flairant comme beaume),
Plein de lui-même arrive au rendez-vous.
Premier début, louanges d'Hyppolite :
« C'est un héros, c'est un Mars qui du roi
« Est distingué parmi ses chefs d'élite ;
« Des Sarrasins son nom seul est l'effroi. »
Puis il ajoute : « Avec toute sa gloire,
« Loin de vos yeux, malheureux je le tiens.
« Douce est fortune et pompeuse est victoire :
« Mais rien n'est tel que vivre en vos liens.
« J'ai quelque rang dans la cour, dans l'armée ;
« Sans vanité, j'y fais force jaloux :
« Mais au récit de votre renommée,
« J'ai tout quitté pour m'attacher à vous.
« Qu'il m'a trompé ce récit peu fidele
« Qui me vantoit le charme de vos yeux !
« Bien ai-je cru de vous trouver fort belle,
« Mais non de voir un chef-d'œuvre des cieux. »
A sa fleurette, il joint d'autres machines,

I.   22

Roulemens d'yeux, gesticulations,
Propos tronqués, des soupirs et des mines,
Des juremens et des contorsions.
Tel qu'un barbet qui fait sur le rivage
Supercherie aux habitans des eaux,
Qui saute, danse, et par son badinage,
Livre aux chasseurs les crédules oiseaux.

Camille, au reste, entendoit raillerie,
Et n'étoit pas de ces dragons d'honneur
Que les douceurs font entrer en furie.
Elle sourit, et de son suborneur,
Sans s'émouvoir, écoute la légende.
Mais ayant vu que l'agresseur urgent
Poussoit trop loin l'ardeur de contrebande,
Et que c'étoit à bon jeu, bon argent ;
Que dans ses yeux, une flamme impudique
Manifestoit les insolens desseins
Du chevalier, et qu'à sa rhétorique
Il ajoûtoit l'éloquence des mains,
Faire lui veut, pour guérir sa folie,
De quelque outrage avaler le boucon,
Et lui montrer si dame d'Italie
En sait assez pour chevalier gascon.
Gens du bel air s'énoncent à merveilles,
Répond la belle avec un doux regard :
Mais en ces lieux les murs ont des oreilles ;
C'est une affaire à traiter à l'écart.

Sortant d'ici, prenez sur la main droite ;
Un corridor dans une tour conduit ;
Glissez-vous-y par une porte étroite ;
Fermez sur vous, j'y serai vers la nuit.

Tout transporté, l'homme à bonne fortune,
Sans être vu, s'achemine à la tour,
Pousse la porte, et querelle la lune
Trop paresseuse au gré de son amour.
Les murs tout nuds laissoient voir les ardoises
Dans cette tour : on y respiroit l'air
D'un jour dormant élevé de deux toises,
Et bien muni de sa grille de fer.
Quel sombre endroit ! et quels préliminaires
Pour mes plaisirs ! est-ce une trahison ?
Non, c'est bon signe : aux amoureux mysteres,
On vaque mieux en étroite prison.
La nuit arrive, et personne avec elle :
Il oit sonner l'horloge du château,
Dix, onze, douze : une douleur mortelle
Vient l'accueillir ; chaque coup de marteau
Le frappe au cœur. La malheureuse orfraye
Sur un chevron, contente à lamenter,
Toute la nuit, par un cri qui l'effraye,
A son chagrin semble encore insulter.
Il tâche en vain d'arracher la serrure ;
Des pieds, des mains, il tente les ressorts :
Bons clous rivés, puissante garniture,

Et double pene éludent ses efforts.
Il en frémit : enfin, dans sa disgrace,
De désespoir et de rage confus,
En tâtonnant, il trouve une paillasse
Dans un recoin, et se jette dessus.

Au point du jour, on ouvre une fenêtre
Auprès du toît, et du haut d'un grenier,
Certaine voix lui crie : O notre maître,
Sachez qu'ici vous êtes prisonnier,
Votre attentat est de ces cas pendables,
Dont nous faisons justice par nos mains :
Larrons d'honneur sont-ils plus pardonnables
Que ne le sont voleurs de grands chemins ?
Une quenouille à ses pieds est jetée :
Il la ramasse ; il en paroît surpris ;
De papier blanc elle est empaquetée,
Où sont ces mots en grosse lettre écrits :
« On ne fait point l'amour, mais on le file
« Dans ce château ; filez, brave étranger,
« Filez, filez, chevalier de Camille,
« Si vous voulez qu'on vous donne à manger. »
Anseaume éclate, il s'emporte, il menace,
A la suivante il cherche d'attenter,
Et vous lui donne à travers de la face
De certains mots qu'on n'ose répéter.
Tel est un loup que le chasseur enserre
Dans quelque fosse attrapé finement :

Il hurle, il bave, il mord cailloux et terre,
Et tout cela fort inutilement.
Emportement ne peut vous être utile,
Dit Marinette, et ce courroux est vain :
Filez, filez, séducteur de Camille,
Vous filerez, ou vous mourrez de faim.
Nécessité vous apprendra l'usage
De la quenouille : à nos jeunes oiseaux,
Elle apprend bien à tirer dans leur cage,
Avec le bec, de jolis petits seaux,
Ce n'est pas tout : quel dessein vous amene
Par ces chemins qui sont peu fréquentés ?
Un franc aveu peut adoucir la peine
Qu'on vous prépare et que vous méritez.
Je vous prononce un arrêt qui vous fâche,
Mais sans appel ; je reviendrai ce soir ;
Si vous avez accompli votre tâche,
Vous mangerez : adieu, jusqu'au revoir.
Le revoici ce loup pris dans un piege :
Mon prisonnier perd sa férocité ;
Honte l'abat, timidité l'assiege,
Et son orgueil par sa crainte est dompté.
Il réfléchit, il voit que sa furie
Est moins que rien, et contraint de caler,
Il laisse à part toute mutinerie,
Prend la quenouille et commence à filer.
Le soir arrive, avec lui Marinette
A la lucarne. Eh bien ! travaillez-vous ?

Je viens savoir si votre tâche est faite,
Et quel dessein vous a conduit chez nous.
Le malheureux, à moitié mort de honte,
Montre son fil, et pressé par la faim,
De la gageure il lui fait tout le conte.
Par une corde, on lui descend du pain ,
Avec de l'eau. Mais, reprend la badine,
Quel fil grossier, et qu'il est inégal !
Qu'en peut-on faire ? Un torchon de cuisine ;
Ou filez mieux, ou vous dinerez mal.
Ventre affamé qui fait métier d'apprendre,
Par ses leçons l'endoctrina si bien,
Qu'en peu de jours le plus beau fil de Flandre,
Tout fin qu'il est, n'égaloit pas le sien.
Par certains trous de vieilles entresoles,
Dame et suivante alloient s'en régaler,
Sans dire mot, riant comme des folles
Qu'elles étoient, de sa grace à filer.
Camille même, au bailli du village,
A toutes fins un acte demanda,
Et le curé, fort discret personnage,
A le signer, sans peine s'accorda.

Que devenoit cependant Hyppolite ?
Bien triste étoit, et bien inquiété,
Se consolant à faire la visite
Vingt fois par jour du portrait enchanté.
Frais et vermeil il le trouvoit encore,

Hors certain jour qu'il vit à ses attraits
Prendre couleur telle que prend l'aurore
Que le soleil talonne de trop près.
Il en soupire, il en est au supplice.
Sa face change, et devient d'or bruni,
Ainsi que ceux qui prennent la jaunisse,
En regardant un teint qu'elle a jauni.
Mais sa frayeur fut bientôt dissipée :
Il en fut quitte à ce coup pour la peur :
Un court moment rendit à sa poupée
Toute sa grace, et le calme à son cœur.
Pour abréger (car aussi-bien mon conte
Est un peu long), par un courier exprès,
De son amant, Camille apprit la honte
A son époux : il n'en plaignit les frais.
A l'Empereur, de la gaye aventure
Fut rendu compte : au vainqueur fortuné
Il adjugea le prix de la gageure ;
Des fiefs d'Anseaume il fut ensaisiné.
Fortune en tout à Camille propice,
Après vertu, la combla de bonheur,
Et l'Empereur pria l'Impératrice
De la choisir pour sa dame d'honneur.
Le prisonnier, sur vieille haquenée,
Conduit au camp, et pour fou réputé,
Fut promené toute une matinée,
Parmi les rangs, la quenouille au côté,
Faiseurs de vers trouverent de l'étoffe

Pour divertir les enfants sans souci :
Certain grivois, sur cette catastrophe,
Fit deux couplets qui se chantoient ainsi :
« Dans l'art de plaire, Anseaume est plus habile
« Qu'aucun amant dont l'histoire ait parlé :
« Filez, filez, chevalier de Camille :
« Auprès d'Omphale, Hercule a bien filé.
« Cœurs enflammés, cherchez-vous un modele ?
« Qui mieux qu'Anseaume alla jamais au fait ?
« C'est là l'entendre, et c'est ce qu'on appelle
« En bon françois, filer l'amour parfait. »

Déshonoré, le rival d'Hyppolite,
Pour n'écouter ces chants injurieux,
Vuida le camp, et fut se rendre hermite
Comme le diable, alors qu'il devint vieux.
Cent ans et plus, pucelles par la France,
A chevaliers chanterent ce refrain,
Lorsqu'en amour prenoient quelque licence :
Filez, filez, et vous aurez du pain.

Jeunes beautés qui ne faites que naître,
Et commencez à nous faire mourir,
Par ce récit, je vous donne à connoître
Quand et pourquoi commença de courir
Un vieux proverbe : il n'est pas inutile
Que le sachiez. S'il arrivoit un jour
Qu'on vous poussât, ainsi qu'on fit Camille,

Gagnez du temps, faites filer l'amour.
J'ai vu des forts attaqués en tumulte,
Par les tenans bien lâchement vendus,
Où résistant à la première insulte,
Les assaillans se seroient morfondus.
Jadis prêchois moins severe doctrine,
Lorsqu'à beautés je parlois sans témoins :
Ans m'ont changé ; comme a dit feu Racine
Après Plutarque, autres tems, autres soins.
Quand vieux Renard ne put par son adresse
Sortir des lacs, sans sa queue arracher,
Aux Renardeaux il alléguoit sans cesse
Vives raisons pour se la retrancher.
Mais concluons : treve de badinage ;
Tendres beautés, arrêtez votre choix
Sur la vertu. Quand on est belle et sage,
On peut compter qu'on est belle deux fois.

CONTE

DE

PERRAULT

L'ESPRIT-FORT

I<small>L</small> est des cœurs bien faits que rien ne décourage,
Qui, choisissant toujours le parti le plus sage,
Désarment la rigueur des Destins ennemis,
Et par des sentimens qu'un noble esprit suggere,
S'élevent noblement au-dessus de la sphere
    Où leur planette les a mis.
Lise étoit belle et jeune, et son époux Damis
Cachoit sous sa perruque un brave à cheveux gris ;
Lise avoit cent vertus, Damis étoit bon Prince ;
Leur parfaite union passoit dans la Province
    Pour un miracle de nos jours ;
Jamais tant d'agrémens, jamais tant de sagesse

Ne firent honorer Lucrece,
Et jamais tant de soins et de tendres amours
　　N'accompagnerent la vieillesse :
Rien ne manquoit enfin à leur félicité.

　　Barbe grise et jeune beauté
Font ordinairement un mauvais attelage ;
Cependant tout rouloit si bien dans le ménage,
　　Qu'au bout de l'an, le bon seigneur
　　Vit arriver un successeur.
Tandis qu'avec plaisir il éleve l'enfance
　　De cet aimable rejeton,
　　Un jubilé revint en France :
　　On sait qu'en ce temps d'indulgence,
　　Chacun demande à Dieu pardon ;
　　Le pécheur prend la discipline :
D'un zele tout nouveau, les Chrétiens sont touchés ;
　　On ressasse les gros péchés ;
Les gros et les petits, tout passe à l'étamine.
Aux pieds d'un Directeur, la belle un beau matin,
　　Avec un repentir sincere,
Déclare nettement que le petit Colin
　　N'étoit pas le fils de son pere.
　　Halte-là, dit le confesseur,
Pour un *Confiteor*, vous n'en serez pas quitte.
Est-il juste, entre nous, qu'un bâtard déshérite
　　Un légitime successeur ?
　　Il faut, Madame, vous résoudre,
Et plutôt que plus tard, j'en suis fâché pour vous,

A déclarer le fait à votre époux :
 Sans quoi je ne puis vous absoudre.
Comment, et de quel front avouer un tel cas ?
  La voilà dans un embarras
Qu'on ne peut exprimer. En effet l'aventure
Etoit pour un époux à digérer bien dure.
En proie à ses remords, et cédant au chagrin,
Elle tomba bientôt dans une maladie
  Qui fit tout craindre pour sa vie.
  Sur le rapport du médecin,
Le mari croit déjà que la mélancolie
De sa chere moitié va terminer les jours :
Mais qu'il est éloigné d'en pénétrer la cause !
Elle veut l'en instruire, et jamais elle n'ose.
  Ose tout, dit-il, mes amours,
Rien ne me déplaira, pourvû que tu guérisse.
Quoi ! faut-il qu'un secret te donne la jaunisse ?
Et voudrois-tu mourir plutôt que de parler ?
Vis et parle, crois-moi. Je vais tout révéler,
Dit-elle, puisqu'enfin un repos favorable
Doit terminer bientôt mon état déplorable.
  J'étois à la maison des champs
  Où je faisois la ménagere,
Quand la voisine Alix, par des discours touchans
  Auxquels on ne résiste guere,
  Me prouva qu'avoir des enfans
  Etoit à vous chose impossible,
Me prôna les malheurs de la stérilité,

    •

Qui passoit chez les Juifs pour un affront terrible,
Puis, dans un jour charmant, me fit voir la beauté
    D'une heureuse fécondité.
Je me rendis, hélas ! à cette douce amorce,
Et Lucas, le valet de notre métayer,
Avec moi se trouvant un jour dans le grenier,
Je me souvins d'Alix, et je manquai de force.
Je lui parlai d'amour ; à mes yeux il comprit
Où j'en voulois venir par mon tendre langage,
Et sur un sac de bled... sac funeste et maudit !
    Faut-il en dire davantage ?
De ce malheureux sac, notre Colin sortit.
    A Lucas je donnai, je pense,
Trois boisseaux de froment pour toute récompense.
Si je vous ai trahi, je meurs, pardonnez-moi :
A cela près, toujours je vous gardai ma foi.
N'est-ce pas de mon bled que tu payas l'ouvrage,
Lui répondit Damis, nullement effrayé ?
    Ne m'en parle pas davantage :
Cet enfant est à moi, puisque je l'ai payé.
La belle, en peu de tems, reprit ses lys, ses roses,
    Son embonpoint, sa belle humeur ;
Colin fut élevé comme un petit seigneur ;
A la maison des champs, on parla d'autres choses.
Enfin pour s'épargner d'inutiles ennuis,
    Cet époux a vécu depuis,
    Comme si du sac l'aventure
    Etoit chimere toute pure.

Bel exemple pour les maris,
Dont le chagrin jaloux mérite une apostrophe !
Damis prit en tel cas le meilleur des partis,
Et soutint cet assaut en brave philosophe.

CONTE

DE

MONCRIF

LE RAJEUNISSEMENT INUTILE

L'AIMABLE Déité que l'Orient adore,
Qui préside au matin, que suivent les Zéphirs,
   Le croiroit-on ? la jeune Aurore,
Du tendre amour long-tems ignora les plaisirs.
Mais sur la terre enfin, du milieu de la nue,
Par un mortel charmant, ses regards attirés,
Allument dans son cœur une flamme inconnue.
Momens perdus, combien vous fûtes réparés !
Toute entière à l'amour, quelle douleur profonde,
   Lorsqu'au matin, il falloit un moment,
Remonter dans son char, pour annoncer au monde
Des beaux jours qui n'étoient offerts qu'à son amant !

O jours délicieux ! plaisirs inexprimables,
  Ne pouviez-vous toujours être durables ?
Tithon étoit mortel, hélas ! et ses beaux ans
N'étoient point affranchis des outrages du tems ;
Il fallut y céder. La pesante vieillesse
Dans les bras de l'Aurore, ose enfin le saisir :
Injustice du sort ! d'où vient que le plaisir
  N'éternise pas la jeunesse ?
Hé quoi ! l'âge a glacé ce que j'aime le mieux,
  Disoit l'Aurore aux pleurs abandonnée !
Quel remede à ses maux ? elle s'envole aux cieux.
  O Jupiter ! fléchis la destinée,
  Pour mon amant ? je t'implore aujourd'hui.
  Eh ! quel amant ! je possédois en lui
Tout ce qui flatte un cœur : de la Parque cruelle,
  Fais qu'il soit toujours respecté
  Dans une jeunesse éternelle.
Eh ! qui doit mieux conduire à l'immortalité,
  Que d'être charmant et fidele ?
  Ma fille, je sens vos douleurs :
Dit le maitre des Dieux ; les beaux yeux de l'Aurore
  Ne doivent verser que ces pleurs,
Enfans du doux plaisir et l'ornement de Flore ;
  Rendez le calme à vos esprits :
Le printems de Tithon va revenir encore :
Je le fais immortel : mais sachez à quel prix.
Le Destin a parlé ; telle est sa loi sévere :
Déesse, chaque fois que Tithon obtiendra

De votre amour la preuve la plus chere,
D'un lustre tout-à-coup cet amant vieillira.
Ainsi, de lustre en lustre, abrégeant sa carriere,
    Sa jeunesse s'éclipsera.
Tithon est immortel ! Grand Dieu ! je vous rends grâce
    S'écria-t-elle, embrassant ses genoux ;
Ce que j'aime vivra, mon sort est assez doux.
Elle dit, et des airs son char franchit l'espace.
Son cœur céde au Destin, non sans quelques regrets.
Quoi ! d'éternels refus vont être désormais
De l'amour que je sens le plus fidele gage !...
Tu dois, mon cher Tithon, m'en aimer davantage :
    Tes beaux jours seront mes bienfaits ;
Je saurai, malgré toi, conserver mon ouvrage.
Elle le croit ainsi ; je ne sais quel présage
    Me fait trembler pour le succès.
O vous, dont les crayons voluptueux et sages
Des mystères secrets, des plus tendres amours,
Tracent modestement les plus vives images,
C'est à votre art divin, Muse, que j'ai recours.
Tithon va recouvrer l'éclat de ses beaux jours ;
Il aime, il est aimé : quels transports vont renaitre ?
    O Muse, hélas ! dans un instant peut-être,
    J'aurai besoin de tout votre secours.
Déjà le char, porté d'une vitesse extrême,
A ramené l'Aurore auprès de ce qu'elle aime.
A ses premiers regards, changement fortuné !
Des ans qui l'accabloient, il n'a plus la foiblesse ;

Que dis-je ? Cet amant à quinze ans ramené,
Brûle de nouveaux feux ; transporté d'allegresse,
Reprend ces agrémens que l'âge avoit ternis.
Quel retour ! quels momens pour deux cœurs bien unis !
Il tombe à ses genoux. Vainement la Déesse,
Sur le sort qui l'attend, voudroit le prévenir.
Un oracle... Ecoutez... Elle ne peut finir ;
   Par cent baisers, il l'interrompt sans cesse.
     Eh ! comment résister long-temps,
     Quand le cœur est d'intelligence ?
L'amour, le tendre amour emporte la balance ;
Tithon obtient un lustre, et se trouve à vingt ans.
Peut-être qu'à présent vous daignerez m'entendre.
Dit enfin la Déesse. Empressement trop tendre ;
N'y songeons plus. Alors, du sévere Destin,
Elle lui déclara l'oracle trop certain.
O Dieux ! s'écria-t-il, quelle loi rigoureuse !
    Quoi ! vainement je me verrois aimé
De l'objet le plus beau que l'Amour ait formé ?
Non, je consens plutôt qu'une vieillesse affreuse...
Tithon, que dites-vous ? vous me faites trembler ;
Quoi ! d'un si triste hiver, la langueur douloureuse
Affaibliroit encor cette flamme amoureuse
     Dont votre cœur recommence à brûler !
Quand les sombres chagrins viendroient vous accabler,
Je pourrois m'imputer... Non, j'y suis résolue,
L'Amour nous laisse encor ses plus sensibles biens ;
Nous passerons les jours dans ces doux entretiens,

Où l'ame, avec transport, se montre toute nue;
Nous aurons ces soupirs, ces aveux, ces sermens
Tant de fois répétés, et toujours plus charmans;
Assez heureux de plaire, exempts d'inquiétude,
Nous nous verrons toujours, nous ne ferons qu'aimer.
Et quel bien vaut la certitude
D'inspirer tout l'amour dont on se sent charmer ?
Ainsi, mais vainement, parla la jeune Aurore :
Le dangereux amour, avec malignité,
Aux yeux de son amant la rend plus belle encore,
·Et déjà, dans son cœur, Tithon a concerté
L'ingénieux secret de fléchir la déesse.
Vous m'aimerez toujours, dit-il; votre tendresse
    Remplira ma félicité :
Mais quand vous ne craignez pour moi que la vieillesse,
Mon cœur, plus délicat, prévoit de plus grands maux
Car enfin, si le sort qui me rend la jeunesse,
    M'en avoit donné les défauts,
    S'il me forçoit d'être volage,
  Votre beauté vous répond de mon cœur :
Mais je n'ai que vingt ans ; à ce dangereux âge,
De la constance, hélas ! connoit-on le bonheur ?
Assurons, croyez-moi, le sort de notre flamme.
Je le sens bien : un lustre à mon âge ajouté
Suffira pour bannir à jamais de mon ame
Ces goûts capricieux, cette légéreté
Que la jeunesse embrasse avec tant d'imprudence.
Hé quoi ! ·voudriez-vous, charmante Déité,

I.   25

Faute d'un peu de prévoyance,
    Exposer ma fidélité ?
O divine raison, que ta voix est puissante !
La déesse se rend ; et comment résister ?
    Déjà son ame impatiente,
De tes sages conseils, brûle de profiter :
Que leur pouvoir est doux ! L'amoureuse déesse
Ne cherche, ne ressent que cette tendre ivresse
    Qui la rend toute à son amant.
Quel bonheur de combler les vœux de ce qu'on aime,
    Quand on croit, par ce bonheur même,
    Se l'attacher plus tendrement !
Que j'aime à voir Tithon ! Avec combien de zele
Il se livre au plaisir qui le rendra fidele !
D'un amant délicat, dignes emportemens !
Dans l'espoir d'acquérir une foi plus constante,
Il profite si bien de ces heureux momens,
    Que de vingt ans il passe jusqu'à trente.
Hé bien, tendres amans, vous voilà rassurés ;
Vos cœurs sont pour jamais l'un à l'autre livrés :
Vos vœux sont-ils remplis ? Hélas ! peuvent-ils l'être ?
    D'un bonheur qu'on n'a point goûté,
On se prive aisément : mais en est-on le maître,
Lorsqu'on en a senti toute la volupté ?
    Bientôt les craintes disparoissent,
    Les desirs plus ardens renoissent ;
Après mille combats, à céder quelquefois,
    La seule pitié l'autorise ;

C'est par excès d'amour, qu'à l'ombre de ces bois,
La déesse se rend ; ici c'est par surprise.
L'amour couvrant leurs yeux de voiles séduisans,
    Semble éloigner leur destinée.
   Tithon, ainsi, dans la même journée,
    Se retrouve à quatre-vingts ans.
La déesse est en pleurs. Séchez, dit-il, vos larmes ;
J'ai vu de mon printems s'évanouir les charmes ;
J'en regrette la perte, et ne m'en repens pas :
Ce que j'eus de beaux jours, du moins, charmante Aurore,
    Je les ai passés dans vos bras ;
Rendez-les moi, grands Dieux, pour les reperdre encore.
Ainsi vieillit Tithon. Quelle injustice, hélas !
    D'avancer ainsi sa vieillesse !
Eh ! comment, quand on plait, contraindre ses désirs ?
    Otez-en de si doux plaisirs,
    Je donne pour rien la jeunesse.

CONTE

DU

P. DUCERCEAU

LA NOUVELLE ÈVE

Pain dérobé réveille l'appétit.
A tout péché, la loi qui l'interdit
Est un attrait, est une rocambole.
D'aller vers là, de revenir ici
Est-il permis ? Quand on le peut ainsi,
On s'en soucie autant que d'une obole :
Mais que la loi dise : je le défens,
Nous y courons, et notre cœur y vole.
D'Ève en cela nous sommes tous enfans ;
Ne la traitons point trop en criminelle ;
Elle eut grand tort, je ne l'excuse point :
De là nous vient la tache originelle :

Mais tel lui fait son procès sur ce point,
Qui dans sa place auroit fait tout comme elle.

Ainsi parloit certain époux un jour
A sa moitié qui contre notre mere
Murmuroit fort, etoit fort en colere
De nous avoir joué le vilain tour,
Dont vint, hélas ! toute notre misere.
Ah ! disoit-elle, avoir précipité,
Et son époux, et sa postérité,
Dans tant de maux ! pourquoi ? le tout en somme,
A' l'appétit d'une insipide pomme :
Notre mere Eve avait bien mauvais goût.
Bon ou mauvais, le fruit ne fut la cause,
Dit le mari, du mal qui gâta tout,
Mais bien la loi qui défendoit la chose :
Cette défense en fit tout le ragoût.
Qu'ainsi ne soit, poursuivit-il, je gage
Que qui voudroit vous interdire ici,
Chose d'ailleurs dont vous n'auriez souci,
Je dis bien plus, qui vous feroit dommage,
Vous en seriez aussitôt à la rage.
Moi, dit la dame ! Oui, vous, dit le mari !
Vous le feriez sans faute, je le jure,
Et je suis prêt d'en faire le pari.
Elle y consent, accepte la gageure ;
Somme d'écus, et grosse à ce qu'on dit,
Fut stipulée entre eux deux à crédit.

Je ne veux point, dit l'époux débonnaire,
Vous commander chose pénible à faire ;
Voici le fait. Quand vous allez au bain,
La mare à gauche est sur votre passage ;
Si vous pouvez, en faisant le chemin,
Un mois durant en tout, être assez sage
Pour ne plonger au bord du marécage
Les deux pieds nuds, je vous quitte le gain ;
Mais en passant, prenez garde au naufrage :
Car vous paierez le pari haut la main.

Or cette mare étoit, à le bien dire,
Un vrai bourbier, égoût de basse-cour :
Pour l'éviter, on eut fait un grand tour.
De ce défi, l'on se met fort à rire ;
La dame y taupe, et de grand appétit.
C'étoit marché donné, sans contredit ;
Autant valoit argent dans la cassette.
On met déjà la gageure à profit :
On songe à faire et telle et telle emplette ;
Nouveaux bijoux viendront sur la toilette,
Et sur le tout, un magnifique habit.

On s'en va donc au bain à l'ordinaire,
Non sans lorgner la mare en tapinois ;
Dans un début, c'en étoit assez faire :
On s'en tint là pour la premiere fois.
Allant, venant, bientôt on s'accoutume

I.   26

A l'eau verdâtre, à la fange, à l'écume :
Avec le tems, on s'accoutume à tout ;
On fit bien pis ; enfin on y prit goût.
L'esprit de l'homme est une étrange piece,
Et quand je dis de l'homme, à cet égard
La femme est là comprise sous l'espece,
Pour les deux tiers au moins et demi-quart.
Le fait présent rend la chose notoire.
La bonne dame alla se figurer
Certain plaisir, si l'on en croit l'histoire,
A s'arrêter dans une eau sale et noire,
Et le défi commença d'opérer.
L'eau de son bain, encor que claire et nette,
Lui sembloit fade au prix de celle-là ;
Peut-être aussi le diable s'en mêla.
Quoi qu'il en soit, la dame fut discrette,
Et n'en dit rien d'abord à Janneton
Qui la suivoit ; c'étoit sa chambriere,
Et qui pis est, confidente, dit-on,
D'une humeur souple et très-fine ouvriere ;
Elle entendoit la dame à demi-ton,
Avoit d'ailleurs l'ame si complaisante,
Que dans cent ans ou plus, que je ne mente,
A sa maitresse elle n'auroit dit non.
Mais c'est assez parler de la suivante,
A la signore, il nous faut revenir.
A chaque instant, la passion s'augmente ;
Dans son harnois on a peine à tenir :

La mare étoit toujours plus attrayante.
Pour résister, il falloit faire effort ;
On s'approchoit toujours plus près du bord ;
Ce n'étoit plus le bain, c'étoit la mare
Que l'on cherchoit par un ragoût bizarre.
Là s'ébattoit maint petit caneton ;
On les montroit du doigt à Janneton ;
On leur portoit envie, et si la dame
Eût pu contre eux troquer honnêtement,
Elle eut voulu dans le fond de son ame
Devenir canne, au moins pour un moment.

Mais bien souvent, l'occasion prochaine
Beaucoup plus loin que l'on ne veut nous mene.
La dame un jour sur le bord s'arrêtant,
Dans un accès subit et violent,
Vint à tirer un pied hors de la mule,
Et de la plante en effleura l'étang.
La bonne dame en resta là pourtant,
Et le remit aussitôt par scrupule :
Non que son cœur ne fût bien combattu,
Mais il est bon d'avoir de la vertu.

Or le mari, par certaine ouverture,
Guettoit sa femme, observoit son allure,
Rioit sous cape et comptoit sur ses doigts,
Qu'elle n'iroit jamais au bout du mois.
Il comptoit bien, remarque la chronique ;

Deux tiers n'étoient passés à beaucoup près,
Qu'arrive enfin, enfin le jour critique.
Le traître époux qui voyoit les progrès,
A sa moitié voulut donner le change,
Dit qu'il alloit mettre ordre à la vendange,
Puis faire un tour pour revenir au frais.
Il sort des champs, et quelque tems après,
Par le dehors, rabat chez la fermiere,
Là, se tient clos, et se met aux aguets.
Bientôt il voit et dame et chambriere
Allant au bain : l'on fait pause au marais,
On le contemple, on s'en arrache à peine,
Comme du bord d'une claire fontaine ;
En soupirant, l'on s'en arrache enfin,
Et vers l'étuve, on poursuit son chemin.
Mais, dans le bain, un feu secret consume ;
On en sortit plutôt que de coutume,
L'esprit rêveur, l'air inquiet, chagrin,
On se tourmente, et l'on chicane en vain :
La passion presse, le cœur chancelle,
Et la vertu ne bat plus que d'une aile.

C'est trop souffrir, non, Jeanneton, vois-tu,
Dit la maîtresse, en annonçant l'antienne,
Il n'est défi, ni gageure qui tienne,
Je ne m'en mets en peine d'un fétu :
Je te le dis tout net, et le déclare,
J'ai résolu d'essayer de la mare.

Dis sur cela tout ce que tu voudras,
Que l'on le sache ou ne le sache pas,
Ce m'est tout un ; il iroit de ma vie,
Que je voudrois en passer mon envie.

Vraiment, Madame, est-ce donc si grand cas ?
Dit Jeanneton ; pourquoi tant de mystere ?
Je m'en doutois ; vous êtes bonne aussi
De vous troubler et prendre du souci ;
Vous le voulez : eh bien ! il faut le faire.
Premièrement, Monsieur n'est pas ici ;
Qui vous verra ? personne, je vous jure.
Quitte après tout à perdre la gâgeure :
Le grand malheur ! en mourrez-vous de faim ?
Contentement passe richesse enfin.
Mais non, si bien nous ourdirons la trame,
Que vous aurez le plaisir et le gain.
Va Jeanneton, tu vaux trop, dit la dame :
Ne mettons pas le plaisir à demain.
Sur ce propos, on s'ajuste, on s'agence,
Et vers la mare, on marche en diligence,
A beaux pieds nuds et pantoufles en main.
La dame alloit la premiere et bon train,
Et Jeanneton faisoit l'arriere-garde.
Chemin faisant, on observe avec soin
S'il n'est pas là de mouchard qui regarde :
Nul ne paroit, et Monsieur est bien loin.
Les pieds brûloient ; d'abord on en hazarde

Un dans le lac pour sonder le terrain :
On le retire, et l'autre prend sa place,
Que tout de même on retire soudain ;
Pour faire court, après quelque grimace,
Tous deux de suite on vous les plonge à plein.

Durant cela, l'époux, ne vous déplaise,
De son réduit voyoit le tout à l'aise,
Et se savoit très-bon gré dans le cœur
De n'avoir pas mis à plus forte épreuve
Une vertu si fragile et si neuve :
Il en pouvoit arriver du malheur.
Il en frémit, et sur cette pensée,
Croyant l'affaire assez avant poussée,
Sort vers la dame avec un ris moqueur :
Un revenant eut fait moins de frayeur.
Et vite, et vite, on se sauve, on détale :
Mais à pieds nuds, on ne court pas si fort :
Le mari joint la dame dans la salle :
Eh bien, dit-il, dans le premier abord !
Que pensez-vous de la pomme fatale ?
Eve à présent a-t-elle si grand tort ?

FIN DU TOME PREMIER.

TABLE DES CONTES

CONTENUS DANS LE PREMIER VOLUME

ÉVREUX, IMPRIMERIE DE CHARLES HÉRISSEY

www.ingramcontent.com/pod-product-compliance
Lightning Source LLC
Chambersburg PA
CBHW070619100426
42744CB00006B/539